JN115123

80分でマスター！

ガチ速簿記

入門

扶桑社

はじめに

ビジネスの世界では数字を避けて通れない

『80分でマスター！［ガチ速］簿記入門』を手に取っていただいて、ありがとうございます。

ところで、あなたは、なぜ「この本を読もう」と思われたのでしょうか。会社で経理関係の部署に配属されたから、簿記の資格を取りたいと思ったから、決算書を読めるようになりたいと思ったから、独立を考えているから、確定申告をするのに必要だから……などなど、理由は人それぞれでしょう。

ひとつだけ言えることは、簿記が必要なのは、会社の経理部の人だけではありません。なぜなら、ビジネスの世界では、数字を避けて通ることはできないからです。

考えてみてください。商談の席で取引先から、

「非常に魅力的な提案だけれど、価格をもう少しだけ "勉強" してもらえませんか？」

と言われたとしましょう。

簿記を学び、会話に数字を入れられると……

もうちょっと、安くなりませんか？

数字で考え中

20万円くらいでしたら可能かと

では、それでお願いします

ありがとうございます

　簿記の知識がある人は、その案件を受注できた場合に得られる売上や収益だけでなく、受注した場合にかかる費用などの観点も考慮して価格戦略を練っているはずです。

　そうであれば、

「そうですね。20万円くらいならば、可能かもしれません」

　と答えることができるでしょう。

　でも、お金のことがわからなかったら、

「いったん社に持ち帰って検討します」

　と返事をするしかないでしょう。その結果、ビジネスチャンスを逃してしまわないとも限りません。

　私が常々思っていることですが、会話に数字を入れることで説得力が増します。そして、会話に数字を入れるためには、常に「数字で考える」ことが重要です。

　簿記を学ぶことは、その格好のチャンスであり、「数字で考える」習慣を身につけるための近道だと言えます。

数字で考えられないと……

もうちょと、安くなりませんか？

いったん社に持ち帰って検討します

じゃ、いいですー

そ、そんなぁ

簿記は、ビジネスパーソンに必須の一般教養

　簿記は、お金やモノの出入りを記録し、計算するための技術です。お金やモノの出入りを記録し、計算することが求められるのは、会社の経営者や経理担当者だけではありません。お金やモノの動きがわからなければ、そもそもビジネスなどできないでしょう。

　簿記の知識を身につけることで、経済ニュースがよりよく理解でき、世の中の動きも把握しやすくなります。数字で考えることが習慣になれば、その会社と取引していいのか、投資する価値はあるのかが見えてきて、昇進やビジネスチャンスの拡大に役立つでしょう。また、その企業に就職や転職をしていいのかなどを判断できるようになりますし、あなた自身が起業する際にも役立ちます。

　そう考えると、簿記は、現代のビジネスパーソンに必須の一般教養だと思いませんか？

この本は、公認会計士としての私の知識を総動員して、数字が苦手な人、もっと言えば数字アレルギーの人であっても、80分で簿記の知識が身につき、ビジネスに活かす力をつけることを目的に書きました。全ページにイラストや図解を入れることで、難しいと捉えられがちな簿記をやさしく説明し、数字が苦手な人でもマスターできるよう工夫しています。

　まずは、イラストと図解を見るだけでも構いません。難しいところは読み飛ばして先に進んでも大丈夫です。それでも、この本を読み終える頃には、簿記の重要なポイントである仕訳や、決算書作成の手順、作成方法などがわかるようになるでしょう。と同時に、あなたの数字力も高まっているはずです。

簿記は基本の
ルールさえ覚えれば
簡単ですよ！

CONTENTS

はじめに ——————————————————————— 2
　　ビジネスの世界では数字を避けて通れない
　　簿記は、ビジネスパーソンに必須の一般教養

Part ① そもそも「簿記」って何？

1 「簿記」がわかると何ができるの？ ————————— 14
　　「簿記」のゴールは決算書を作ること

2 そもそも「簿記」って何？ ——————————————— 16
　　おこづかい帳だって簿記の仲間

3 どうして簿記が必要なの？ ——————————————— 18
　　お金が増減した原因を知るため

4 簿記で何がわかるの？ ————————————————— 20
　　会社やお店の儲けや財産がわかる

5 でも、簿記って難しくない!? ——————————————— 22
　　足し算、引き算、掛け算、割り算がわかれば大丈夫！

6 「取引」って何？ ————————————————————— 24
　　簿記の「取引」は、実際にお金とモノが動くこと

7 「取引の二面性」って何？ ——————————————— 26
　　取引には「原因」と「結果」の二面がある

8 「単式簿記」ってどういうもの？ ————————————— 28
　　「単式簿記」ではお金の増減だけを記録する

9 では「複式簿記」って何？ ——————————————— 30
　　「複式簿記」では、お金の出入りを二面的に捉える

コラム　もうひとつの決算書「キャッシュフロー決算書」 ——— 32

簿記の基礎を押さえよう！

Part ②

1 簿記で重要な「仕訳」って何？ ———————————— 34
　「仕訳」は、簿記で取引を記録する方法

2 仕訳ってどうやるの？ ———————————————— 36
　仕訳は3段階に分けて考える

3 「勘定科目」の5つのグループには何がある？ ————— 38
　「資産」「負債」「純資産」「収益」「費用」の5つのグループがある

4 仕訳のルール――「借方」「貸方」って何？ ————— 40
　複式簿記では左側を「借方」、右側を「貸方」と呼ぶ

5 仕訳は、どうやって覚えればいい？ ———————— 42
　配置のルールを覚えたら、とにかく慣れましょう

6 「貸借対照表」「損益計算書」って何？ ——————— 44
　「貸借対照表」では会社の財産、「損益計算書」では会社の儲けがわかる

7 「資産グループ」の勘定科目には何がある？ ————— 46
　「資産」は将来、お金になる財貨や債権

8 「負債グループ」の勘定科目には何がある？ ————— 50
　「負債」は将来、お金を払わなくてはならないもの

9 「純資産グループ」の勘定科目には何がある？ ———— 54
　「純資産」は支払う義務のないお金

10 ちょっとおさらい――B/S、P/Lで何がわかるの？ —— 56
　会社の財政状態と経営成績がわかる

11 「収益グループ」の勘定科目には何がある？ ————— 58
　「収益」は、利益のもとになるお金

12 「費用グループ」の勘定科目には何がある？ ————— 60
　「費用」は、収益を上げるためにかかったお金

コラム 借方と貸方の組み合わせを覚えれば仕訳で迷わない ——— 64

Part ③ 「仕訳」を
やってみよう！

1 仕訳をしてみよう
「資産」「負債」「純資産」の仕訳 ——— 66
資産・負債・純資産の仕訳は、貸借対照表を思い出す！

資産グループ

❶ 「現金」の仕訳 ——————————————— 68
[取引] 「現金」を普通預金口座から引き出した

❷ 「預金」の仕訳 ——————————————— 70
[取引] レジのお金を普通預金口座に預けた

❸ 「前払金」の仕訳 ————————————— 72
[取引] 仕入商品を受け取る前に手付金を支払った

❹ 「仮払金」の仕訳 ————————————— 74
[取引] 買い付けで出張する社員に旅費を5万円仮払いした

❺ 「売掛金」の仕訳 ————————————— 76
[取引] 取引先に商品を掛（ツケ）で売った

❻ 「受取手形」の仕訳 ———————————— 78
[取引] 商品の代金を「手形」で受け取った

❼ 「貸付金」の仕訳 ————————————— 80
[取引] 取引先に現金を貸し付けた

❽ 「有形固定資産」の仕訳 —————————— 82
[取引] 「固定資産」を購入して代金は後払いにした

❾ 「無形固定資産」の仕訳 —————————— 84
[取引] 「無形固定資産」を現金で購入した

❿ 「備品」の仕訳 —————————————— 86
[取引] パソコンを現金で購入した

❶ 「有価証券」の仕訳 ─────────────────── 88
　[取引]「有価証券」を購入し、代金を現金で支払った

負債グループ

❶ 「買掛金」の仕訳 ──────────────────── 90
　[取引] 商品を仕入れて代金は後日支払うことにした

❷ 「支払手形」の仕訳 ─────────────────── 92
　[取引] 買掛金を、約束手形を振り出して支払った

❸ 「未払金」の仕訳 ──────────────────── 94
　[取引] 備品を購入して代金は後払いにした

❹ 「預り金」の仕訳 ──────────────────── 96
　[取引] 従業員の給料から源泉徴収税を預かった

❺ 「借入金」の仕訳 ──────────────────── 98
　[取引] 銀行からお金を借り入れた

純資産グループ

❶ 「資本金」の仕訳 ─────────────────── 100
　[取引] 株主から出資を受けて「資本金」とし、会社を設立した

❷ 「資本準備金」の仕訳 ──────────────── 102
　[取引] 出資金200万円のうち、100万円を「資本準備金」にした

❸ 「繰越利益剰余金」の仕訳 ───────────── 104
　[取引]「繰越利益剰余金」から配当金を出し、残りを利益準備金にした

2 仕訳をしてみよう
「費用」「収益」の仕訳 ──────────── 106
損益計算書の勘定科目は、増えたら借方（左側）に「費用」、
貸方（右側）に「収益」を記入する

費用グループ

❶ 「仕入」の仕訳 ─────────────────── 108
　[取引] 商品を現金で仕入れた

❷ 「旅費交通費」の仕訳 ——————————————— 110
　[取引] 交通機関を利用して現金で支払った

❸ 「水道光熱費」の仕訳 ——————————————— 112
　[取引] 電気代が普通預金口座から引き落とされた

❹ 「広告宣伝費」の仕訳 ——————————————— 114
　[取引] 宣伝のためのチラシを作成して、代金を現金で支払った

❺ 「福利厚生費」の仕訳 ——————————————— 116
　[取引] 従業員の忘年会の飲食代を現金で支払った

❻ 「給料手当」の仕訳 ———————————————— 118
　[取引] 従業員に給料を支払った

❼ 「地代家賃」の仕訳 ———————————————— 120
　[取引] 店舗の家賃を現金で支払った

　収益グループ

❶ 「売上」の仕訳 —————————————————— 122
　[取引] 商品を売って代金を現金で受け取った

❷ 「受取利息」の仕訳 ———————————————— 124
　[取引] 保有している社債の利息を現金で受け取った

❸ 「売上が取り消された（返品）」ときの仕訳 ——————— 126
　[取引] 掛で売った商品が返品された

　コラム　債権と債務を表す勘定科目はペアで覚える ————— 128

Part ❹ 簿記のゴールは
決算

❶ 「帳簿」にはどんな種類がある？ ———————————— 130
　「帳簿」には「主要簿」と「補助簿」の2種類がある

2 帳簿作成の流れは？ —————————————————————— 132
「仕訳」→「仕訳帳」→「総勘定元帳」→「試算表」の順番で行う

3 「試算表」って何？ ————————————————————————— 134
仕訳や「転記」が合っているかチェックするもの

4 「試算表」ってどう作るの？ ———————————————————— 136
総勘定元帳の勘定科目ごとに集計する

5 「決算整理」って何？ ——————————————————————— 138
「決算整理」は1年間の業績を正確に計算して厳密な数字を出す作業

決算整理仕訳

❶ 「訂正仕訳」とは？ ———————————————————————— 140
「訂正仕訳」で間違った仕訳を訂正する

❷ 「棚卸資産」の仕訳 ———————————————————————— 142
期末に売れ残っている「棚卸資産」は「繰越商品」にする

❸ 未使用の消耗品の繰越 —————————————————————— 144
期末にある未使用の消耗品は「貯蔵品」として次期に繰り越す

❹ 「減価償却費」とは？ ——————————————————————— 146
資産の価値が下がった分を「減価償却費」という費用にする

❺ 「貸倒引当金」とは？ ——————————————————————— 148
回収できなくなりそうな債権を「貸倒引当金」として計上する

決算書の作成

❶ 損益計算書を作る ———————————————————————— 150
費用と収益を集めて損益計算書を作成

❷ 貸借対照表を作る ———————————————————————— 152
資産、負債、純資産を集めて貸借対照表を作成

仕訳のQ&A❶「売掛金」と「未収金」はどう違う？ ──────── 154
　本業の商品やサービスをツケで売ったら「売掛金」、
　本業以外の商品やサービスをツケで売ったら「未収金」

仕訳のQ&A❷「買掛金」と「未払金」はどう違う？ ──────── 156
　「買掛金」は本業での仕入をツケで買ったもの、
　「未払金」は備品など本業以外の商品をツケで買ったもの

仕訳のQ&A❸「未収収益」って何？ ─────────────── 158
　当期中に受け取っていない収益が「未収収益」

コラム　相手科目（相手勘定科目）とは？ ──────────── 160

Part **5** 仕訳の練習問題と簿記の用語集

練習問題

取引仕訳を練習して仕訳に慣れよう！ ───── 162

　　　　　解答 ──────── 166

一歩進んだアドバイス「現金過不足」の仕訳 ───── 168

押さえておきたい簿記の用語集 ────────── 170

おわりに ───────────────────── 174
　　一流のビジネスパーソンは数字に強い！

そもそも「簿記」って何？

「簿記を勉強したい」と思ったものの、
「でも、簿記っていったい何？」と思っている人もいるのでは？
まずは、簿記とは何か、簿記がわかると何ができるのかを
押さえておきましょう。

会社で簿記をやれって言われたけど、
簿記って何なの？

簿記は社会人なら
誰でも知っておきたい、
一般教養知識です

「簿記」のゴールは 決算書を作ること

簿記は決算書作成のデータであり技術！

　この本を手に取られた方のなかには、「なんで簿記なんか勉強しなくちゃならないの」と思っている人がいるかもしれませんね。

　簿記をやるのは、あなたが勤める、あるいは就職したいと思っている会社に「どうしても知りたいこと」があるからです。それは、主に「会社の財産がいくらあるのか」と「いくら儲かっているのか」の2つ。この2つを知るには、会社の"成績表"とも言える「決算書」という書類を作らなくてはなりません。

　簿記は、そのために「お金やモノの出入りを記録するための方法」です。決算書を作るためのもとになるデータであり、技術であるとも言えるでしょう。つまり、簿記のゴールは、決算書を作ることにあるのです。

決算書には「貸借対照表」と「損益計算書」がある

　決算書は、主に2つの表からできています。ひとつは、会社の財産をあきらかにする「貸借対照表」（B／S＝Balance Sheet）、もうひとつは、会社の儲けをあきらかにする「損益計算書」（P／L＝Profit and Loss statement）です。決算書については、前著『80分でマスター！［ガチ速］決算書入門』で詳しく説明しています。この本を読み終わったなら、ぜひ目を通してみてください。

▼ 貸借対照表 (B/S)

資産の部	負債の部
流動資産	流動負債
現金預金	買掛金
売掛金	長期借入金
固定資産	純資産の部
土地	資本金
建物	利益剰余金

▼ 損益計算書 (P/L)

売上高

売上総利益

営業利益

経常利益

税引前当期純利益

当期純利益

貸借対照表 (B/S) では、
会社の「財政状態」がわかります

損益計算書 (P/L) では、
会社の「経営」がわかります

1年間の会社のお金の状態を
まとめたものなんですね

Check Point

☑ 簿記はお金やモノの出入りを記録するための方法
☑ 簿記のゴールは決算書を作ること

おこづかい帳だって簿記の仲間

「どんなお金」が「いくらか」を記録する

「簿記が必要なことはわかったけれど、数字とか苦手だし……」という人もいるでしょう。でも、大丈夫。簿記を学ぶことは、まったく新しいものを学ぶわけではないからです。

子どもの頃に、おこづかい帳をつけたことはありませんか？　実は、おこづかい帳は簿記の仲間です。何か買ったとき、おこづかい帳に「どんなこと」に「いくら」かかったかを書きましたよね？　簿記もやることは、おこづかい帳と同じです。ちょっと安心したでしょう？

おこづかい帳

日付	内容	入ってきたお金	出ていったお金	残りのお金
2月1日	おこづかい	1000円		1000円
2月2日	けしごむ		110円	890円
2月10日	おかし		99円	791円

「どんなこと」が「いくら」かかったかを記録するものが簿記です。おこづかい帳も簿記の仲間なんです

おこづかい帳なら子どものときにつけてたな

収入、支出、残高を記録する

家計簿もおこづかい帳の仲間、つまり簿記の仲間です。もちろん違いはあります。家計簿では、入ってきたお金を「収入」、出ていったお金を「支出」、残りのお金を「残高」と呼びます。このあたりの言葉は、簿記も同じです。

簿記の場合は、収入があれば、その内容と値段、販売した金額を商品ごとに記入します。支出も商品ごとに値段や個数を記入していきます。そして、最後に［収入−支出］で残高を計算して記入します。

収入 − 支出 ＝ 残高

支出	仕入れた値段や個数を商品ごとに記入する	
ねぎ	10本	600円
しょうゆ	1缶	4,000円

収入	販売した値段や個数を商品ごとに記入する	
ラーメン	10杯	5,000円
みそラーメン	10杯	6,000円

Check Point!

☑ 簿記はおこづかい帳や家計簿の仲間
☑ 収入、支出を商品ごとに記入し、残高を計算する

お金が増減した原因を知るため

いくら儲けたかを知るために記録する

会社やお店は、なぜ仕事をしているのでしょうか。それはお金を儲けるためです。いくら儲かったのかを知るには、「どんな商品をいくらでいくつ売ったのか」と、「どんな商品をいくらでいくつ仕入れたのか」を記録しておく必要があります。

お金やモノの出入りを記録しなければ、その日一日にいくら儲かったのかはもちろん、1年の儲けや借金、財産がどのくらいあるのかもわからなくなってしまうでしょう。

新しいラーメン屋だ。
食べてみよう

お金とモノの動きを記録しないと…

お客さんはそれなりに来て、
ラーメンもそこそこ売れたけど、
いくら儲かったのかわからないな

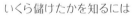

いくら儲けたかを知るには
・商品をいくらでどのくらい仕入れたのか
・商品がいくらでどのくらい売れたのか
などを記録することが大切です

一定のルールで取引を帳簿に記入する

　簿記とは「帳簿に記入する」という意味です。ただし、好き勝手に記録すればいいわけではありません。誰が見てもわかるように、日々のお金やモノの出入りを一定のルールに従って帳簿に記入します。

　そして、記録したことを1年で区切って、その1年間にどれだけの儲けが得られたのかを確認するのです。それをもとに、会社やお店の儲けはもちろん、どれだけの財産があるのか、どんな借金がどのくらいあるのかについても把握できます。

　一定のルールでお金やモノの動きを記録することで、前月との比較や、1年前の同じ月との比較もできるようになり、会社やお店の経営状態やその推移を把握しやすくなります。

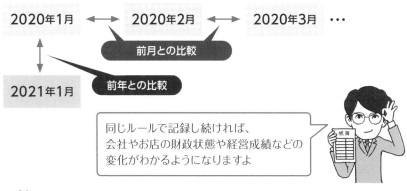

　いくら儲けたかを知るためには簿記が必要
　一定のルールに従って帳簿に記入する

会社やお店の儲けや財産がわかる

お金やモノの動きを正確に記入することが大切

簿記がわかれば、会社やお店の儲けを正確に知ることができます。そのためには、儲けを得るために、どんな費用がいくらかかったのかを把握することが大切です。

例えば、ある一日のラーメン店の儲けを知るには、その日の販売代金（＝売上）から、原材料の購入代金（＝仕入）や、その運送費、水道光熱費、お店の家賃などさまざまな費用を引いて計算します。つまり、足し算、引き算、掛け算、そして割り算がわかれば、簿記はできます。その際のポイントは、売上を得るためにかかった費用を正確に記入すること。毎日のお金やモノの動きを正確に記入、集計し、最終的には１年間の利益を計算して、損益計算書を作ります。

売上 － 売上原価 － 費用 ＝ 儲け

▼ある日のお金の動き

売上	売上原価	費用	儲け
50,000円 －	35,000円 －	9,000円 ＝	6,000円

どんな費用がどのくらいかかったかを把握しないと正確な儲けもわかりませんよ

簿記がわかれば会社やお店の財産もわかる

　ところで、年収300万円で貯金が1000万円のAさんと、年収700万円で貯金が20万円のBさんは、どちらがお金持ちでしょうか？　Aさんですよね。では、Aさんは借金0円で、Bさんは借金50万円ならどうでしょう？　やっぱりAさんですね。お金持ちかどうかを知るには、収入はもちろん、財産の中身を知ることも大切。ここでも簿記の知識が生きてきます。なお、財産には下記のようなものがあります。

▼ 会社やお店の「財産」とは？

資産グループ
現金や預金、バイクなど会社やお店が持っているプラスの財産

負債グループ
銀行からの借金や払っていない商品の代金など、会社やお店が将来返さなければならないマイナスの財産
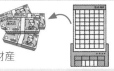

純資産グループ
会社やお店が実際に持っている(正味の)財産。株主などから集めた資金や、儲けから貯めたお金など。

資本金

Check Point!

☑ 簿記は売上や費用を正確に記入することが大切
☑ 簿記ができれば会社やお店の財産もわかる

足し算、引き算、掛け算、割り算が わかれば大丈夫！

おこづかい帳をつけられるなら、できます！

　繰り返しになりますが、簿記は、お金やモノの動きを記録するための方法です。これって、子どもの頃につけていたおこづかい帳でやったことと同じですよね？

　思い出してみてください。おこづかいをもらったら日付を書き、「内容」の欄に「おこづかい」と記入し、「入ってきたお金」の欄に「1000円」などと金額を記入します。お金を使ったときには、「出ていったお金」の欄に金額を書きますよね。そして、月末には、「入ってきたお金」から「出ていったお金」の合計を引いて、「残ったお金」を計算します。簿記ですることも、基本はこれと同じ。足し算、引き算、掛け算、割り算がわかれば大丈夫です。

おこづかい帳

日付	内容	入ってきたお金	出ていったお金	残りのお金
2月1日	おこづかい	1000円		1000円
2月2日	けしごむ		110円	890円
2月10日	おかし		99円	791円

おこづかい帳はつけてたけど、
簿記は難しそうだな……

家計簿

日付	項目	摘要	収入	支出	残高
2月1日	前月からの繰越				100,000円
2月10日	食費	A商店		4,000円	56,000円
2月25日	給料	2月分	400,000円		410,000円
2月27日	住居費	3月分家賃		90,000円	320,000円
2月27日	水道光熱費	2月分電気代		9,000円	311,000円
⋮	⋮	⋮	⋮	⋮	⋮

家計簿も簿記の仲間です。
言葉は難しくなったけれど、
中身はそう
変わらないでしょう？

本当だ。
中身はそんなに
変わらないですね。
簿記ってそんなに
難しくないのかも

簿記のポイントは　どんなお金　が　どれくらい　をわかるように記録すること

簿記はおこづかい帳よりも用語がカタいだけ

　17ページでも触れましたが、家計簿もおこづかい帳と同様、簿記の仲間です。ただし、簿記はこの2つに比べて、ちょっとカタめの専門用語が使われていたりします。

　また、帳簿に記録する際には、一定のルールがあり、それを押さえる必要があります。でも、大丈夫。この本では、そのためのコツとポイントをしっかり説明していきます。

Check Point

☑ 足し算、引き算、掛け算、割り算ができればOK
☑ 専門用語と記入のコツがわかれば大丈夫

簿記の「取引」は
実際にお金とモノが動くこと

簿記の「取引」には決まりがある

　会社やお店では、毎日いろいろな営業活動をしています。これを一般的に「取引」と呼んでいます。ただし、一般的な取引と、簿記での取引には、違いがあります。いろいろな営業活動のなかには、簿記の取引になるものと、ならないものがあるのです。

　一般的な取引では、例えば下の図のように「取り置きをしてもらい、後日、商品を引き取ってお金を払う」という商談が成立したことを「取引が成立した」といいます。

　ですが、簿記では、実際に会社やお店のお金やモノが動くことではじめて取引が発生したといいます。

実際にお金とモノが動けば「取引」

　簿記での取引は、商品やサービスを提供してお金を得た場合にだけ発生するわけではありません。例えば、お金を落としてなくしたり、ドロボウに商品を盗まれたような場合も、お金とモノが実際に動いているので、簿記での取引にあたります。なお、簿記での取引が発生すると、その取引に「勘定科目」の名前がつきます。

▼ 簿記での「取引」は実際にお金とモノが動く

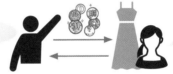

その洋服をください
3,900円になります

ドロボウに商品を盗まれる
ウヒヒヒヒ
100,000円分の商品を盗まれた
100,000円の商品がなくなった

銀行に行く途中でお金を落とす
50,000円落とした。どこにもない…
50,000円の現金がなくなった

簿記ではこれらも「取引」にあたります。帳簿に記入しましょう

Check Point !

☑ 簿記での「取引」はお金やモノが実際に動くこと
☑ ドロボウに商品を盗まれた場合も「取引」にあたるのでしっかり帳簿に記録しよう

取引には「原因」と「結果」の二面がある

お金やモノの増減には原因と結果がある

お店や会社では、商品やサービスを提供することでお金を得ていますが、お金やモノの増減には、必ず「原因」があります。

例えば、洋服屋さんでは、洋服を売って代金を受け取るという「原因」があってはじめて、お金を得るという「結果」が得られます。銀行からお金を借りる場合も、お金を借りるという「原因」があるからこそ、お金が増えるという「結果」を得られるのです。

お金やモノが増えたり減ったりするのには、必ず「原因」があります

26

取引を「原因」と「結果」の二面で捉える

　取引には「原因」があり、その「結果」として、お金やモノが動いています。つまり、取引には「原因」と「結果」という2つの面があるのです。これを、「取引の二面性」と呼んでいます。

　簿記では、ひとつの取引を記録するときは「原因」と「結果」の両方について記入していきます。二面的に捉えることで、その取引の内容をより詳しく、正確に把握することができるようになるからです。この「取引の二面性」は、簿記のルールの重要なポイントになります。

原因		結果
パンツを売った	⟶	現金を受け取った（現金が増えた）
パンツを買った	⟶	現金で支払った（現金が減った）
銀行からお金を借りた	⟶	現金を受け取った（現金が増えた）
商品を仕入れた	⟶	現金で支払った（現金が減った）

モノを買った結果、お金が減るってわけですね

そうです。簿記では取引を二面的に捉えます。これを「取引の二面性」と呼んでいます

 Check Point !

☑ 取引には必ず「原因」と「結果」がある
☑ 簿記では取引を「原因」と「結果」の二面的に捉える

「単式簿記」では
お金の増減だけを記録する

おこづかい帳

日付	内容	入ってきた お金	出ていった お金	残りの お金
2月1日	おこづかい	1000円		1000円
2月2日	けしごむ		110円	890円
2月10日	おかし		99円	791円

おこづかい帳や家計簿は「結果」だけ、
つまりお金の増減だけを記録します

おこづかい帳は
「原因」と「結果」に分けないんだね

家計簿

日付	項目	摘要	収入	支出	残高
2月1日	前月からの繰越				100,000円
2月10日	食費	A商店		4,000円	56,000円
2月25日	給料	2月分	400,000円		410,000円
2月27日	住居費	3月分家賃		90,000円	320,000円
2月27日	水道光熱費	2月分電気代		9,000円	311,000円

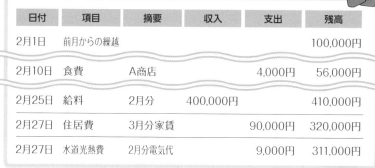

簿記のポイントは
どんなお金が どれくらい をわかるように記録すること

おこづかい帳ではお金の動きを記録するだけ

　実は簿記には、「単式簿記」と「複式簿記」があります。いきなり言葉が難しくなりましたが、内容は簡単なので安心してくださいね。

　このうち「単式簿記」は、「単式」つまり1つという意味です。

　おこづかい帳では、「けしごむを買って、110円払った」ことだけを記入します。なぜなら、おこづかい帳では、お金の出入りだけを記録すればいいからです。けしごむを買った結果、現金が減ったというように、取引を二面的に捉える必要はありません。

おこづかい帳や家計簿は「単式簿記」

　家計簿も同様です。「3月分の家賃90,000円を払った」と書けば問題ないでしょう。おこづかい帳や家計簿では、お金の出入りを「出た（支払った）」もしくは「入った（得た）」という1つの面だけで捉えれば十分です。このように、お金の出入りを1つの面だけで捉える簿記のことを「単式簿記」と呼んでいます。

お金の増減だけを
記録する　→　取引の結果だけを
記録する　　**単式簿記**

単式簿記は
「払った」か「得た」
だけを記入します

 **Check Point**

☑ 取引を1つの面だけで捉えるのが「単式簿記」
☑ おこづかい帳や家計簿は「単式簿記」

「複式簿記」では、お金の出入りを二面的に捉える

複式簿記では「原因」と「結果」を記録する

簿記には、「単式簿記」のほかに、「複式簿記」と呼ばれるものがあります。「複式簿記」は、その名前のとおり、お金の出入りを2つの面から捉えるものです。

26〜27ページで、お金の出入りには「原因」と「結果」があると説明しました。複式簿記では、この「原因」と「結果」の2つの面に分けて捉え、その両方からお金の動きを記録します。

複式簿記なら複雑なお金の出入りを記録できる

会社やお店を経営するうえでは、さまざまな営業活動をお金の面からも正確に把握する必要があります。そのためには、複雑なお金の動きをすべて正確に記録し、把握することが大切です。

お金の出入りを1つの面からのみ記録する単式簿記では、正確に記録し、把握することに限界があります。そのため、会社やお店でのお金の出入りは、「複式簿記」で記録することが必要になります。これから皆さんが覚えるのも、この「複式簿記」についてです。

取引の原因と　　　取引を二面的に
結果を記録する　→　捉えて記録する　　　複式簿記

家計簿

日付	項目	摘要	収入	支出	残高
2月1日	前月からの繰越				100,000円
2月10日	食費	A商店		4,000円	56,000円
2月25日	給料	2月分	400,000円		410,000円
2月27日	住居費	3月分家賃		90,000円	320,000円
2月27日	水道光熱費	2月分電気代		9,000円	311,000円

取引を二面的に捉えると

		原因	結果
❶	食費を払った	A商店で食品を買い4,000円を払った	現金が4,000円減った
❷	給料が入った	給料が400,000円普通預金口座に振り込まれた	普通預金が400,000円増えた
❸	家賃を払った	家賃90,000円が普通預金から引き落とされた	普通預金が90,000円減った
❹	電気代を払った	電気代9,000円が普通預金から引き落とされた	普通預金が9,000円減った

複式簿記で記録すると…

日付	借方		貸方	
2月10日	食費	4,000円	現金	4,000円
2月25日	普通預金	400,000円	給料	400,000円
2月27日	支払家賃	90,000円	普通預金	90,000円
2月27日	水道光熱費	9,000円	普通預金	9,000円

この「借方」と「貸方」は簿記用語で、40ページで説明します

Check Point

- ☑ 複式簿記では複雑なお金の動きを記録し、把握できる
- ☑ 会社やお店では複式簿記でお金の出入りを記録する

営業活動によるキャッシュフロー	○○○○		
税引前当期純利益			○○○○
法人税等の支払額			○○○○
減価償却費			○○○○
運転資本の増減額			○○○○
その他			○○○○
投資活動によるキャッシュフロー	○○○○		
設備投資支出			○○○○
有価証券増減額			○○○○
定期預金の増減額			○○○○
その他			○○○○
財務活動によるキャッシュフロー	○○○○		
借入金増減額			○○○○
配当資金支払額			○○○○
自己株式取得額			○○○○
その他			○○○○
換算差額ほか	○○○○		
現金及び現金同等物増減額	○○○○		
現金及び現金同等物残高	○○○○		
有利子負債残高	○○○○		

Column

もうひとつの決算書 「キャッシュフロー計算書」

キャッシュフロー
計算書では、
会社のお金の
流れがわかります

　この章の冒頭で、「簿記のゴールは決算書を作ること」にあり、決算書には「主に2つある」と説明しました。なかには、「主に2つって、どういうこと?」と疑問に感じた人もいるかもしれませんね。

　決算書には、会社の財務や安全性がわかる貸借対照表と、会社の業績や収益性がわかる損益計算書のほかに、会社のお金の流れがわかる「キャッシュフロー計算書」(C/S=Cash Flow Statement／上図参照)というものがあります。3つあることから「財務三表」と呼ばれたりもします。

　では、なぜ、「主に2つ」と書いたのかというと、3つある決算書のうち、このあとの章で説明する「仕訳」とつながりがあるのは損益計算書と貸借対照表だからです。

　この本では、決算書については簿記に直接つながることに絞って説明していきます。キャッシュフロー計算書はもとより、貸借対照表や損益計算書についても詳しく知りたい方は、ぜひ、『80分でマスター! [ガチ速] 決算書入門』を読んでみてください。

簿記の基礎を押さえよう！

この章では、簿記で重要な「仕訳」と、
簿記のゴールである
決算書（貸借対照表、損益計算書）と仕訳との関係について、
わかりやすく説明していきます。

「仕訳」は
簿記を学ぶうえで、
もっとも重要な
ポイントのひとつです

よしっ！
しっかりマスターするぞー！

「仕訳」は簿記で取引を記録する方法

取引

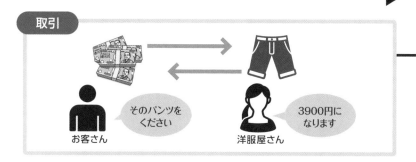

その パンツを ください

お客さん

3900円に なります

洋服屋さん

取引が発生したら仕訳をする

　簿記を勉強するうえで、一番重要なことのひとつに「仕訳」があります。「仕訳を制する者が簿記を制する」といわれるほど、重要なことです。また、仕訳のルールさえ覚えれば、簿記は簡単に理解できるともいわれます。

　では、仕訳とは何なのでしょうか。仕訳とは、複式簿記上の取引が発生したら、取引に名前をつけてグループごとに分類して、金額とともに帳簿に記入することです。

　上図のように、洋服屋さんが3900円のパンツを売って現金を得たとしましょう。この取引を二面的に見ると、「原因」はパンツを売ったこと、「結果」は現金を受け取ったことです。

▼ それぞれの立場から見た仕訳

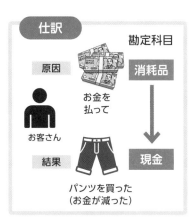

複式帳簿上の「取引」が発生する → 「原因」と「結果」に名前をつける 「勘定科目」に置き換える

取引に名前をつけて分類することを仕訳と呼びます

取引を「原因」と「結果」に分けて名前をつける

取引を原因と結果に分けたなら、取引内容を表す名前をつけます。このときに使うのが「勘定科目」という専門用語です。

「洋服が売れた」という場合であれば「売上」という勘定科目に、「代金を現金で受け取った」なら「現金」という勘定科目になります。わざわざ勘定科目を使うのは、簿記の"共通語"である勘定科目を使うことで、誰が見てもどんな取引なのかがわかるようにするためです。

Check Point

☑ 「仕訳」は取引に名前をつけて分類し、帳簿に記入すること
☑ 「取引」は原因と結果に分けて、勘定科目をつける

仕訳は3段階に分けて考える

3段階ステップで仕訳をスムーズに

　仕訳は、3段階に分けて考えるとスムーズにできます。

　1段階目は、取引を「原因」と「結果」の2つの側面に分けて考えることです。取引を二面的に捉えることは、複式簿記の基本でしたね。

　2段階目は、それぞれの取引に売上や現金といった「勘定科目」をつけることです。勘定科目は、その取引の内容を表すもので、取引の性質によって5つのグループに分かれています（38～39ページで説明）。

▼ 仕訳の流れ

❶ 取引を「原因」と「結果」に分ける
　　取引を2つの側面から捉える

パンツを売る

現金を受け取る（現金が増える）

❷ それぞれに名前（勘定科目）をつける
　　取引の内容を表す勘定科目を決める

勘定科目

こっちは　**売上**

現金が増えたから　**現金**

❸ 勘定科目を左側と右側に分けて記入し、金額を書き入れる
　　取引ごとに勘定科目の増減を表す場所に分けて記入する

日付	借方		貸方	
○月×日	現金	3,900円	売上	3,900円

2つに分けた取引には「勘定科目」という名前をつけます

勘定科目の配置にはルールがある

　仕訳のステップの３段階目は、２つに分けて勘定科目をつけた取引を、左右に分けて帳簿に記入し、金額を書き入れます。

　左右のどちらに記入するのかは、「増えた（発生した）」のか、それとも「減った（解消された）」のかで決まります。簿記では、勘定科目の５つのグループごとに、増減を表す場所が決まっています。そのルールに従えば、どちらに記入するのかも自動的に決まります。

▼ 仕訳は取引を2つの側面から捉える

お客さん　取引先　　お店　会社

| 商品を売った | → | 売上 |
| 現金が増えた | → | 現金 |

勘定科目

仕訳は取引を
2つの側面で捉えます。
そのため、取引全体を
表すことができるのです

なんで、
わざわざ勘定科目を
使うんだろう？

簿記の"共通言語"である勘定科目を使うことで、
誰が見てもどんな取引だったかがわかるんです

Check Point

☑ 仕訳は3段階に分けて考える
☑ 勘定科目の配置にはルールがある

3 「勘定科目」の5つのグループには何がある？

「資産」「負債」「純資産」「収益」「費用」の5つのグループがある

5つのグループはB/S、P/Lと一致する

　簿記で取引の内容を表す「勘定科目」は、「資産」「負債」「純資産」「収益」「費用」の5つのグループに分かれています。貸借対照表（B/S）と損益計算書（P/L）がこの5つで成り立っているからです。

　貸借対照表では、左側に資産、右側に負債と純資産が配置されています。このうち資産は会社のプラスの財産、負債は会社の借金（支払うお金）、純資産は会社の正味財産（支払わなくていいお金）です。

▼ 勘定科目には5つのグループがある

貸借対照表（B/S）

資産	会社やお店の財産（プラスの財産）	勘定科目の例 **現金、預金、商品、機械工具、売掛金など** （該当するものの例） ・紙幣、硬貨　　　　　・調理器具 ・預金残高　　　　　　・エアコン…など
負債	会社やお店の借金（マイナスの財産）	勘定科目の例 **買掛金、借入金、未払金など** （該当するものの例） ・銀行から借りたお金 ・後払いで購入した場合の仕入れ代金…など
純資産	会社やお店の正味財産（資産－負債）	勘定科目の例 **資本金、利益剰余金など** （該当するものの例） ・開業のためのお金…など

損益計算書（P/L）

収益	利益が増える原因	勘定科目の例 **売上、受取利息** （該当するものの例） ・ラーメンの売上…など	
費用	収益を得るために使ったお金	勘定科目の例 **仕入、水道光熱費、地代家賃** （該当するものの例） ・小麦粉（ラーメンの原材料） ・お店の家賃…など	

勘定科目には、資産、負債、純資産、収益、費用の5つのグループがあり、必ずそのどれかに該当します

5つのグループを細分化したものが勘定科目

　損益計算書は、収益と費用で構成されています。収益は、会社の利益が増える原因になるもの。費用は、収益を得るために使ったお金です。簿記での取引は5つのグループのどれかに該当し、それをさらに細かく分けたものが勘定科目です。なお、勘定科目では、借金は「借<ruby>入<rt>いれ</rt></ruby><ruby>金<rt>きん</rt></ruby>」、スマホ代は「通信費」のように使う用語が決まっています。

▼ 勘定科目の例

銀行から
お金を借りた

勘定科目では一般的に
「**借入金**」といいます

仕事上の連絡で
スマホを使った

勘定科目では一般的に
「**通信費**」といいます

Check Point

- ☑ 勘定科目には資産、負債、純資産、収益、費用の5つのグループがある
- ☑ 勘定科目では使う用語が決まっている

→ **4** 仕訳のルール ── 「借方」「貸方」って何？

複式簿記では左側を「借方」、右側を「貸方」と呼ぶ

複式簿記の取引は、左側と右側に分けて書く

　仕訳のルールとして、必ず覚えておくべきことがあります。それは、勘定科目を記入するときには、下の表のように、左側と右側に分けて勘定科目と金額を記入するということです。

　そして、左側の欄を「借方」、右側の欄を「貸方」といい、「借方」は「かりかた」と呼び、「貸方」は「かしかた」と呼びます。ちなみに、この言葉自体には深い意味はありません。ただ、「借方」「貸方」というだけです。

　「かりかた」の「り」は左に流れているから「左側」、「かしかた」の「し」は右側に流れているから「右側」と覚えるといいですよ。

▼ 勘定科目の記入のルール

借方		貸方	
勘定科目	金額	勘定科目	金額

左側は「借方（かりかた）」、右側は「貸方（かしかた）」です

「かりかた」の「り」は**左に流れている**ので左側、「かしかた」の「し」は**右に流れている**ので右側と覚えるといいですよ

「り」が左側、「し」が右側ですね

▼ 配置のルール

左 借方	貸方 右
増えたときに左に配置する勘定科目	増えたときに右に配置する勘定科目
資産グループの勘定科目 費用グループの勘定科目	負債グループの勘定科目 純資産グループの勘定科目 収益グループの勘定科目

現金や預金、仕入などが
増えたら左側に配置します

買掛金、資本金、売上
などが増えたら
右側に書くんですね！

なるほど～。
現金が増えたときは
借方（左側）、
現金が減ったときは
貸方（右側）に
配置するんですね

そうです。
減ったときは
逆に配置します

勘定項目には、配置のルールがある

　では、借方と貸方は、どう分けるのでしょうか。ここにも決まった
ルールがあり、その取引によって増えた（発生した）のか、それとも
減った（取り消された）のかで、左側（借方）か右側（貸方）かが決
まります。増えたときに借方（左側）に記入するのは、資産と費用。
増えたときに貸方（右側）に記入するのは負債、純資産、収益です。
減ったときには、それぞれを逆に配置します。覚えてくださいね。

Check Point

- ☑ 左側は「借方」、右側は「貸方」
- ☑ 資産・費用が増えたら借方、負債・純資産・収益が増えたら貸方

配置のルールを覚えたら、とにかく慣れましょう

3段階ステップで習うより慣れろ!

　仕訳では、大前提や基本的なルールを覚えたら、あとは慣れることが大切です。洋服屋さんのケースで、実際に仕訳をしてみましょう。

　流れは下の図のとおりです。取引をしたことで、現金が3,900円増え、売上も3,900円増えました。現金は「資産グループ」、売上は「収益グループ」です。資産が増えたら借方、収益は貸方でしたね。

▼ 仕訳の例

① 取引を「原因」と「結果」に分ける

② それぞれに名前(勘定科目)をつける

③ 勘定科目を左側と右側に分けて記入し、金額を書き入れる

パンツを3,900円で売った

3,900円のお金を受け取った

3,900円のパンツを売った

現金が増えた!

[お金]=現金
「現金」は
資産グループ
資産

売上が増えた!

[売る]=売上
「売上」は
収益グループ
収益

借方	貸方
増えたときに左に配置する勘定科目	増えたときに右に配置する勘定科目
資産グループの勘定科目 費用グループの勘定科目	負債グループの勘定科目 純資産グループの勘定科目 収益グループの勘定科目

借方		貸方	
現金	3,900円	売上	3,900円

簿記では、借方と貸方の金額が必ず一致する

42ページの流れで仕訳をすると、借方（左側）に「現金」「3,900円」、貸方（右側）に「売上」「3,900円」と入ります。仕訳はこれで完成です。

仕訳には、ほかにも重要なポイントがあります。それは、借方（左側）と貸方（右側）の金額が必ず一致すること。なお、記入する勘定科目の数は、取引によっては1つだけとは限りません。その場合でも、借方と貸方の金額は必ず一致します。

借方		貸方	
現金	3,900円	売上	3,900円

金額が一致する

仕訳では、借方（左側）と貸方（右側）の金額が必ず一致します

●勘定科目が2つ以上ある例

借方		貸方	
備品	10,000円	現金	5,000円
		未払金	5,000円

勘定科目は1つだけとは限りません。その場合でも左右の金額は合計が同じになるようにします

右側の合計額と左側の金額が一致する

Check Point

☑ 仕訳では、左右の金額が必ず一致する
☑ 勘定科目は1つだけとは限らない

「貸借対照表」では会社の財産、「損益計算書」では会社の儲けがわかる

仕訳で迷ったら貸借対照表、損益計算書を思い出す

「仕訳は簡単っていうけれど、覚えることがたくさんある……」って思っていませんか。ここで、ひとつアドバイスをしましょう。

仕訳で迷ったときには、貸借対照表と損益計算書の形を思い出してください。どうしてかって？

貸借対照表では、会社の財産がわかります。左側に「資産」、右側に「負債」と「純資産」が書かれています。これって、仕訳で「増えた（発生した）」ときに記入する場所と一緒じゃないですか？

仕訳で迷ったら、貸借対照表と損益計算書を思い浮かべるといいですよ

どういうこと?

貸借対照表（B/S）	
資産の部	負債の部
	純資産の部

損益計算書（P/L）

売上高
売上総利益
営業利益
経常利益
税引前当期純利益
当期純利益

取引が発生した

資産や負債、純資産が増えた　　収益や費用が増えた

貸借対照表（B/S）

左 借方	貸方 右
資産	負債 ＋
＋	純資産 ＋

損益計算書（P/L）

左 借方	貸方 右
費用	収益
＋	＋

配置場所が
貸借対照表と
同じだね

費用、収益
グループは
配置場所を
覚えて
くださいね

資産グループの勘定科目が
増えた ＋ 場合
借方（左側）に記入する

負債、純資産グループの勘定科目が
増えた ＋ 場合
貸方（右側）に記入する

費用グループの勘定科目が
増えた ＋ 場合
借方（左側）に記入する

収益グループの勘定科目が
増えた ＋ 場合
貸方（右側）に記入する

損益計算書では「ひよう」は「ひだり」と覚える

　損益計算書では、会社の儲けがわかります。その会社が１年間にど
れくらいの収益をあげ、そのためにどのくらいの費用を使ったのか、
そして収益と費用の差額が書かれています。

　仕訳では、費用が増えたら借方（左側）、収益が増えたら貸方（右側）
に記入します。「ひよう」は「ひだり」と「ひ」つながりで覚えると、
仕訳で迷ったときに役立ちますよ。

Check Point

- ☑ 仕訳で迷ったらB/S、P/Lを思い出す
- ☑ 「増えた（発生した）」ときの位置を覚えておこう

「資産」は将来、お金になる財貨や債権

将来、現金になるもの

　ここからは、5つのグループの勘定科目について、それぞれどのようなものがあるのかを見ていきましょう。

　まずは、貸借対照表の資産、負債、純資産について。トップバッターは、「資産グループ」の勘定科目です。

　このグループの勘定科目は、将来、現金収入になるもの。お金や土地など増えたら嬉しいものが該当します。のちのちお金をもらえる権利なども資産グループです。少々難しい言葉で表現すると、「企業活動に必要な財貨と債権」といいます。

　では、資産グループの主な勘定科目を押さえておきましょう。

▼ 資産グループの主な勘定科目

増えたときはココに記入

現金、普通預金、当座預金、
未収金、売掛金、受取手形、仮払金、
貸付金、繰越金、有価証券、建物、
土地、備品、車両運搬具など

貸借対照表（B/S）

左 借方　貸方 右

負債

資産　純資産

資産グループは、
将来お金になるものです

じゃあ、増えると嬉しいもの
とも言えますね

▼ 資産グループの代表的な勘定科目と具体例

勘定科目名	どんなもの？	具体例
現金 （げんきん）	紙幣や硬貨のほか、（他人が発行した）小切手など、すぐにお金に換えることができる証券類。	紙幣、硬貨、小切手など
預金 （よきん）	金融機関の預金口座。普通預金、当座預金、定期預金などの種類がある。引き出せばすぐにお金になるので資産。	普通預金、当座預金、定期預金
売掛金 （うりかけきん）	商品やサービスを掛売りし、あとで支払ってもらうお金。未回収のツケの代金。回収すればお金が増える。	売掛金
未収金 （みしゅうきん）	本業で扱う商品以外のものを後払いで売った場合の請求代金。代金を受け取るとお金が増えるので、お金と同様の価値がある。	不要になった営業車を売り、まだ払われていない代金など
短期貸付金 （たんきかしつけきん）	取引先や関係会社、従業員などに貸し付けたお金のうち、1年以内に返してもらう予定のお金。	短期貸付金
有価証券 （ゆうかしょうけん）	会社の余裕資金を運用する目的などで買ったほかの企業の株式や、国が発行する国債や企業が発行する社債など。	株式、国債、社債、地方債など

▼ 資産グループの代表的な勘定科目と具体例

勘定科目名	どんなもの？	具体例
商品（しょうひん）	会社が販売したり、仕入れたりしたもの。決算日までに売れ残って在庫になると「繰越商品」という勘定科目に変わる。	商品
建物（たてもの）	会社やお店が所有するビルや店舗、倉庫、事務所など。	ビル、店舗、研修所、倉庫、工場、社宅、研修所など
建物付属設備（たてものふぞくせつび）	会社やお店が所有する建物内のいろいろな設備やその工事費用。	電気設備、給排水設備、空調設備、床や内装などの工事費用
工具器具備品（こうぐきぐびひん）	1年以上使用することが可能な10万円以上の工具や器具、備品。	パソコン、照明器具、金庫、応接セット、コピー機など
土地（とち）	会社が所有するビルや店舗、工場、運動場、駐車場などの敷地や、自社ビルを建てるために買った土地など。	建物の敷地、駐車場、運動場など
減価償却累計額（げんかしょうきゃくるいけいがく）	保有している固定資産の使用による価値の消化分である減価償却費の累計額。	建物、工具機具備品、車両運搬具などの減価償却費

勘定科目名	どんなもの？	具体例
車両運搬具 （しゃりょううんぱんぐ）	会社が事業に使うための乗用車やトラック、バイク、自転車などの運搬具。	乗用車、トラック、バス、バイク、自転車など
構築物 （こうちくぶつ）	会社が所有する土地に設置した工作物や土木施設など。	通信ケーブル、アンテナ、鉄塔、駐車場設備、看板など
電話加入権 （でんわかにゅうけん）	電話回線を引くときに支払う施設設置負担金や、市場から購入した（有償で取得した）電話加入権。	電話加入権、施設設置負担金
敷金 （しききん）	会社の営業所や店舗などの賃貸借契約をする際に渡し、解約するときに返還されるお金。	敷金
受取手形 （うけとりてがた）	代金として受け取った手形。一定の期日に、一定の金額を支払うことを確認するために発行する。	約束手形、為替手形
貯蔵品 （ちょぞうひん）	年度末（決算日）の時点で未使用の事務用消耗品（コピー用紙やペンなど）や包装材料、切手などの消耗品。	事務用消耗品、切手、収入印紙、印刷物、包装材料など

「負債」は将来、お金を払わなくてはならないもの

将来、現金支出になるもの

「負債」とは、会社やお店が将来、支払わなくてはならないお金のことです。銀行から借りているお金や、商品や原材料などを仕入れたものの、まだ支払っていないお金などが該当します。

借りているお金と聞くと、マイナスのイメージを持つ人もいるかもしれません。ですが、負債は、会社が営業活動を行うための必要なお金を用意する手段です。その会社の状況に見合った適度な負債は、会社を成長させる糧になる可能性があります。

なお、「負債グループ」の勘定科目は、増えたときには貸方（右側）に勘定科目と金額を記入します。

▼ 負債グループの主な勘定科目

貸借対照表（B/S）	
左 借方 資産	**貸方** **右**
	負債
	純資産

増えたときはココに記入

買掛金、未払金、借入金、預り金、借受金、社債など

負債グループは、将来支払うお金で、会社が営業活動をするのに必要なお金を用意するための債務です。

必要な借金という感じですね

▼ 負債グループの代表的な勘定科目と具体例

勘定科目名	どんなもの？	具体例
買掛金 （かいかけきん）	商品や原材料をあとでお金を支払う約束をして買う、掛で買ったときに請求される代金。支払うとお金が減る。	まだ支払っていない仕入代金など
未払金 （みばらいきん）	事務消耗品など、商品以外のものやサービスを後払い（掛）で買ったときの支払代金。支払うとお金が減る。	後日振り込み予定の事務消耗品の代金など
短期借入金 （たんきかりいれきん）	1年以内に返済する予定で借りたお金のこと。借りたお金を返すと、会社やお店のお金が減ることになる。	銀行や取引先、個人に借りた1年以内に返す借入金
長期借入金 （ちょうきかりいれきん）	1年超先に返済する予定で借りたお金のこと。借りたお金を返すと、会社やお店のお金が減ることになる。	銀行や取引先、個人（経営者など）に借りた1年超先に返す借入金
預り金 （あずかりきん）	従業員の給与から差し引いた、源泉徴収税や社会保険料など、一時的に預かり、返済する（支払う）お金。	従業員の給与から天引きした所得税、住民税、社会保険料、取引先から預かった保証金など

▼ 負債グループの代表的な勘定科目と具体例

勘定科目名	どんなもの？	具体例
借受金 （かりうけきん）	入金の理由が不明だったり、最終的な金額が未確定な入金があった場合に、一時的に使う勘定科目。	内容不明入金など
借受消費税等 （かりうけしょうひぜいとう）	消費税の経理方法に「税抜経理方式」を採用している場合に使用する勘定科目で、受け取った消費税。	売上や雑収入に付帯して預かった消費税
支払手形 （しはらいてがた）	代金を支払う方法として発行した手形。一定の期日に、一定の金額を支払わなくてはならない。	約束手形、為替手形
前受金 （まえうけきん）	商品の代金の一部や全部を事前に受け取ったもの。あとでお金を受け取らずに商品を渡すのでお金が減るのと同じ。	手付金、内金
賞与引当金 （しょうよひきあてきん）	会社が従業員に対して、翌期に支給する賞与（ボーナス）に備えて見積もって計上するお金のこと。	賞与引当金

勘定科目名	どんなもの？	具体例
前受収益 （まえうけしゅうえき）	受け取った収益のうち、次期以降にサービスを提供するもの。次期は無料で提供するので、お金が減ることになる。	当期中に受け取った翌年度分以降の家賃など
未払費用 （みばらいひよう）	継続的な取引契約をしている費用のうち、すでにサービスは受けているのに、お金を支払っていないもの。	（サービスは当期に受け）次期にお金を支払う給与、賃借料、リース料、利息など
退職給付引当金 （たいしょくきゅうふひきあてきん）	会社が従業員の退職金として、将来、支払いを予定して積み立てているお金。将来の現金支出になる。	退職一時金、企業年金
社債 （しゃさい）	長期間返済せずに済む資金を調達するために、会社が発行した債券。将来の現金支出となるので負債に該当する。	社債

負債グループは、
増えたときは貸方に記入します

「純資産」は支払う義務のないお金

株主が出資した事業の元手と、事業活動で得た利益の蓄積

貸借対照表の勘定科目の3つめは「純資産グループ」です。

「純資産」は、支払う義務のないお金です。株主が出資した事業の元手になるお金と、その会社が事業活動で得た儲けを蓄えたものが該当します。

ちなみに、純資産が多い会社は、お金の返済に困ることがなく経営も安定しています。

複式簿記では、純資産の勘定科目が増えた（発生した）場合には、貸方（右側）に勘定科目と金額を記入します。では、純資産グループの主な勘定科目を見ていきましょう。

▼ 純資産グループの主な勘定科目

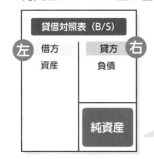

純資産グループは、
本当に持っている資産
（正味の資産）です

増えたときはココに記入

資本金、資本準備金、利益準備金、
繰越利益剰余金……など

純資産 ＝ 資産 － 負債

こちらの式で計算します

▼ 純資産グループの代表的な勘定科目と具体例

勘定科目名	どんなもの？	具体例
資本金 （しほんきん）	会社の場合は、株主が出資してくれたお金。個人事業主の場合は、事業資金として用意したお金と追加のお金。	資本金、 （個人事業主の） 元手
資本準備金 （しほんじゅんびきん）	株主が出資したお金のうち、資本金にしない部分。資本金の2分の1を超えない範囲で積み立てられる。	資本準備金
利益準備金 （りえきじゅんびきん）	会社が得た利益のうち、配当として株主に支払う金額の一部。配当金額の10分の1以上を残さなければならない。	利益準備金
繰越利益剰余金 （くりこしりえきじょうよきん）	会社を設立してから今までの利益を蓄積したお金。損益計算書の当期純利益が積み重なったもの。	繰越利益剰余金

会社の財政状態と経営成績がわかる

貸借対照表は、左右の金額がバランスする

　44～55ページでは、貸借対照表の勘定科目を説明してきました。既におわかりのように、貸借対照表を見ると、その会社が持っているプラスの財産はもちろん、マイナスの財産も含めた会社の財政状態がわかります。また、資産の合計額と、負債と純資産を合計した金額とが、必ずバランスする（一致する）ので「バランスシート」と呼びます。

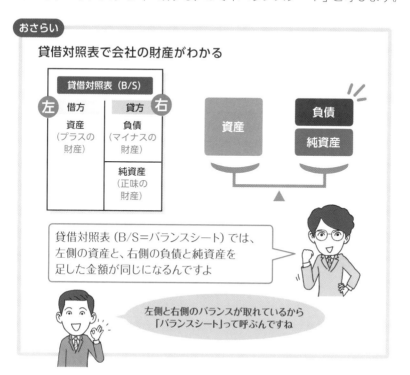

おさらい

貸借対照表で会社の財産がわかる

貸借対照表（B/S）

左 借方 / 貸方 **右**

資産（プラスの財産）／ 負債（マイナスの財産）

純資産（正味の財産）

資産 ／ 負債・純資産

貸借対照表（B/S＝バランスシート）では、左側の資産と、右側の負債と純資産を足した金額が同じになるんですよ

左側と右側のバランスが取れているから「バランスシート」って呼ぶんですね

損益計算書は、1年間の会社の成績表

58～63ページでは、損益計算書の勘定科目を説明します。損益計算書では、その会社の売上がどのくらいあって、そのためにどんな費用を、どのくらい使ったのかを表すものです。そのうえで、結果的に、その会社が1年間にいくら儲けたのか（損をしたのか）も明らかにします。では、損益計算書の勘定科目を見ていきましょう。

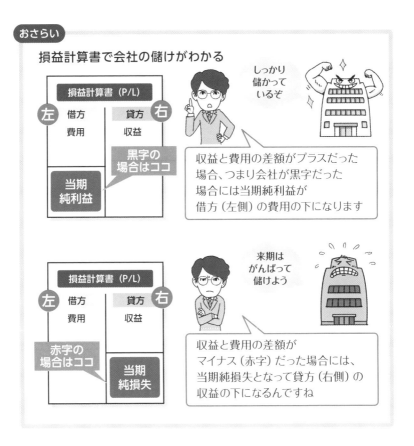

おさらい

損益計算書で会社の儲けがわかる

しっかり儲かっているぞ

収益と費用の差額がプラスだった場合、つまり会社が黒字だった場合には当期純利益が借方（左側）の費用の下になります

来期はがんばって儲けよう

収益と費用の差額がマイナス（赤字）だった場合には、当期純損失となって貸方（右側）の収益の下になるんですね

「収益」は、利益のもとになるお金

収益グループでは、会社にお金が入った理由がわかる

「収益」は、会社の財産を増やすもとになるものです。言い換えると「利益のもと」になるものと言えます。

例えば、洋服屋さんが洋服を売って代金を現金で受け取った場合、「現金」は資産ですが、お金が増えた原因となる「売上」は収益グループの勘定科目になります。こう考えると、「収益グループ」の勘定科目は、増えると嬉しいものとも言えるでしょう。

なお、収益グループの勘定科目には、受取利息や配当金など、売上以外の「増えると嬉しい」お金もあります。どんな勘定科目があるのかをチェックしていきましょう。

▼ 収益グループの主な勘定科目

損益計算書（P/L）	
左 借方	右 貸方
費用	収益

増えたときはココに記入

売上、受取利息、受取配当金、受取手数料、受取家賃、雑収入など

収益グループは、利益のもとになるものです

じゃあ、増えると嬉しいものとも言えますね

▼ 収益グループの代表的な勘定科目と具体例

勘定科目名	どんなもの？	具体例
売上 （うりあげ）	商品やサービスをお客さまに提供した（売った）ことで得るお金。値引きや返品も「売上」で仕訳をする。	商品やサービスの売上、工事収入、請負収入など
受取利息 （うけとりりそく）	銀行預金についた利息など。国債や社債の利子も受取利息として仕訳をする。	預金利息、貸付金利息、有価証券（国債、社債など）の利子
受取配当金 （うけとりはいとうきん）	会社の余剰資金の運用などで、ほかの会社の株式を保有していて、配当金を受け取った場合の勘定科目。	配当金
受取手数料 （うけとりてすうりょう）	取引の斡旋や仲介、アフィリエイト収入など本業以外で受け取った手数料。本業で受け取った手数料は「売上」。	本業以外で受け取った紹介料、仲介手数料、アフィリエイト収入など
受取家賃 （うけとりやちん）	本業としてではなく、建物などを外部に貸し付けている場合に受け取った家賃。本業での貸付で得た家賃は「売上」。	家賃、礼金など
雑収入 （ざつしゅうにゅう）	どの科目にも属さない収入で、金額的に重要でなく（大きくなく）、継続的に発生しないもの。	法人税などの還付金収入、現金過不足、会社の敷地に設置する自動販売機設置手数料など

「費用」は、収益をあげるためにかかったお金

費用グループでは、お金が出ていった理由がわかる

　この章の最後は、損益計算書の左側にある、「費用」についてです。

　費用は、会社やお店が収益をあげるために使ったお金です。例えば、洋服屋さんが洋服やバッグなどを販売するには、売るための商品を仕入れる必要があります。ラーメン屋さんがラーメンを売るには、肉や野菜、麺（麺を打つ小麦粉）を仕入れなければなりません。そのほかにも、お店の家賃や従業員の給料、水道光熱費などもかかるでしょう。

　このように、収益をあげるために必要な原価や経費が「費用」です。では、「費用グループ」の勘定項目を見ていきましょう。

▼ 費用グループの主な勘定科目

増えたときはココに記入

仕入、給料手当、水道光熱費、地代家賃など

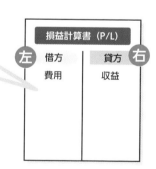

損益計算書（P/L）

左 借方	貸方 右
費用	収益

費用グループは、
会社やお店が
収益をあげるために
使ったお金です

このお金がないと会社は
活動できませんね

▼ 費用グループの代表的な勘定科目と具体例

勘定科目名	どんなもの？	具体例
仕入 （しいれ）	商品や原材料の仕入にかかったお金。仕入にかかった運賃なども含む。値引きや返品は仕入の取消の仕訳をする。	商品の仕入、原材料の仕入、付随費用（運賃、関税など）
給料手当 （きゅうりょうてあて）	会社やお店で働く従業員に支払う給料や諸手当。「給料」や「給与」という勘定科目が使われることもある。	給料手当、諸手当など
役員報酬 （やくいんほうしゅう）	取締役や監査役の職務執行の対価として支給する報酬。定款や株主総会の決議で支払限度額が規定されている。	役員報酬
外注費 （がいちゅうひ）	外部の業者や委託先に支払うお金。人材派遣会社に対する費用や、社内業務のアウトソーシング費用などもこれに該当。	アウトソーシング費用、人材派遣費用、事務代行料、ビル管理費、清掃委託費など
雑給 （ざっきゅう）	アルバイトやパートタイマー、契約社員など臨時に雇った人に支払う給与や諸手当に使う勘定科目。	アルバイト代、パートタイマー代など
福利厚生費 （ふくりこうせいひ）	従業員の福利厚生のための費用。結婚祝い金、出産祝い金、病気見舞金、香典、食事代補助などに使う。	慶弔見舞金、社員旅行費、制服費用、健康診断費用など

▼ 費用グループの代表的な勘定科目と具体例

勘定科目名	どんなもの？	具体例
旅費交通費（りょひこうつうひ）	従業員が外出や出張のために使った電車代やバス代、タクシー代のほか、出張の宿泊費などを支払った場合に使う。	出張の際の交通費、出張宿泊費、電車代、バス代、車で移動する場合の高速道路通行料など
地代家賃（ちだいやちん）	事務所や工場、倉庫などの家賃や、駐車場や資材置き場などの土地の使用料を支払った場合に使う。	店舗家賃、事務所家賃、駐車場代など
水道光熱費（すいどうこうねつひ）	事務所や店舗、工場などで使った水道料金や電気料金、ガス料金などを支払ったときに使う勘定科目。	電気料金、水道料金、ガス料金、灯油代など
修繕費（しゅうぜんひ）	事務所のエアコンの修理代やコピー機の修理代など、会社の固定資産の修繕・維持のための費用に使う勘定科目。	エアコンの修理代など
接待交際費（せったいこうさいひ）	得意先や仕入先、役員・従業員など会社の関係者に対する接待や慰安などにかかった費用に使う勘定科目。	接待飲食代、贈答用品代、懇親費用、お中元・お歳暮代、（得意先への）香典など
新聞図書費（しんぶんとしょひ）	従業員の専門知識や業界知識の向上など、業務に関わる新聞や書籍、雑誌などを購入した費用。	新聞代、書籍代など

勘定科目名	どんなもの？	具体例
会議費 （かいぎひ）	取引先との商談や社内での打ち合わせなど、業務に関する会議を行う際にかかる費用。	会議室代、会議の際の飲料代や弁当代、茶菓子代など
消耗品費 （しょうもうひんひ）	事務用品など短期間で消耗する、10万円未満など少額の物品を購入した場合の費用に使う勘定科目。	10万円未満の備品代、文房具類代、トイレットペーパー代、コピー用紙代など
租税公課 （そぜいこうか）	国税や地方税、地方公共団体から課された賦課金などのほか、会社が保有する土地や建物の固定資産税の納税など。	自動車税、消費税、登録免許税、固定資産税など
減価償却費 （げんかしょうきゃくひ）	固定資産のうち、時間の経過で価値が減少した分を費用に配分する「減価償却」を行うことで生じる費用。	建物、建物付属設備、工具器具備品、車両運搬具など
雑費 （ざっぴ）	ほかのどの勘定科目にも該当しない費用で、金額が少ない費用を仕訳するときに使われる勘定科目。	粗大ゴミの処分代、証明書の発行手数料、引っ越し費用など
支払手数料 （しはらいてすうりょう）	取引相手に銀行からお金を振り込む際にかかる振込手数料や、仲介業者に支払う手数料などに使う。	振込手数料、仲介手数料など

借方と貸方の組み合わせを
覚えれば仕訳で迷わない

2章を読んで、「仕訳のルールも勘定科目もたくさんあって混乱しそう……」と思っている人がいるかもしれませんね。

でも、大丈夫です。仕訳のルールをよく見てみると、組み合わせで説明することができるのです。

なかでも、比較的よくある（発生する）組み合わせというのがあります。「資産の増加」と「資産の減少」は、相手科目（借方なら貸方、貸方なら借方）の４つすべてとの組み合わせがあります。また、[負債の減少－負債の増加][費用の発生－負債の増加]もよくあります。頭に入れておけば、仕訳で迷うことが減るはずです。

借方と貸方のよく発生する組み合わせ

借方（左側）	貸方（右側）
資産の増加	資産の減少
負債の減少	負債の増加
純資産の減少	純資産の増加
費用の発生	収益の発生

資産の増加は
貸方4つすべてに、
資産の減少は
借方4つすべてに
対応しています

なるほど。あとは[負債の減少－負債の増加]
[費用の発生－負債の増加]を覚えておけば、
仕訳のルールで迷うことがなくなりそうですね

「仕訳」を
やってみよう！

3章では、よくある取引を例に、
簿記の重要なポイントである仕訳の
ルールを学んでいきましょう。
仕訳は、とにかく数をこなして慣れることが重要ですよ。

仕訳は習うより慣れろといわれます。
ルールを覚えたら、
たくさん仕訳をやってみてくださいね

「仕訳を制する者が、
簿記を制する」ですよね。
ガンバルぞー！

資産・負債・純資産の仕訳は貸借対照表を思い出す！

増えた（発生した）ら、貸借対照表と同じ位置に

　仕訳を制する者は簿記を制すると言います。そして、仕訳を制するには、たくさん仕訳をして慣れること。まずは、資産・負債・純資産の仕訳にトライ。迷ったら貸借対照表を思い出してください。

資産の部		負債の部	
流動資産	○○○○	流動負債	○○○○
現金及び預金	○○○○	買掛金	○○○○
受取手形	○○○○	短期借入金	○○○○
売掛金	○○○○	未払金	○○○○
有価証券	○○○○	前受金	○○○○
製品	○○○○	その他	○○○○
原材料	○○○○	固定負債	○○○○
繰延税金資産	○○○○	社債	○○○○
貸倒引当金	○○○○	長期借入金	○○○○
固定資産	○○○○	その他	○○○○
有形固定資産	○○○○	負債合計	○○○○
建物	○○○○	純資産の部	
機械装置	○○○○		
工具器具備品	○○○○	株主資本	○○○○
土地	○○○○	資本金	○○○○
無形固定資産	○○○○	資本剰余金	○○○○
のれん	○○○○	資本剰余準備金	○○○○
ソフトウエア	○○○○	利益剰余金	○○○○
投資その他の資産	○○○○	利益譲与準備金	○○○○
投資有価証券	○○○○	その他利益譲与準備金	○○○○
関係会社株式	○○○○	繰越利益譲与準備金	○○○○
その他	○○○○	評価・換算差額等	○○○○
貸倒引当金	○○○○	少数株主持ち分	○○○○
資産合計	○○○○	純資産合計	○○○○
		負債・純資産合計	○○○○

貸借対照表は、こうなっています。
簿記のゴールのひとつは、これを作ることです

仕訳の流れのおさらい

1 取引を「原因」と「結果」に分ける	▶	2 それぞれに名前（勘定科目）をつける	▶	3 勘定科目を左右に分けて記入し、金額を書き入れる
取引を2つの側面から捉える		取引の内容を表す勘定科目を決める		取引ごとに勘定科目の増減を表す場所に分けて記入する

仕訳のルールのおさらい（貸借対照表）

左 借方		右 貸方	
資産 ➕ 資産が増えたら左側に記入		資産 ➖ 資産が減ったら右側に記入	
負債 ➖ 負債が減ったら左側に記入		負債 ➕ 負債が増えたら右側に記入	
純資産 ➖ 純資産が減ったら左側に記入		純資産 ➕ 純資産が増えたら右側に記入	

取引　現金10万円を普通預金口座に入金した

BANK

普通預金が10万円増えた	普通預金残高が増えた	現金が減った	現金が10万円減った
	▼ 普通預金残高は「普通預金」（資産グループ）	現金は「現金」（資産グループ）	
資産が増加したら借方（左側）に	▼ 資産が増加	資産が減少	資産が減少したら貸方（右側）に

日付	借方		貸方	
○月×日	普通預金	100,000円	現金	100,000円

仕訳は3段階に分けて考える

　2章でも説明しましたが、仕訳は、①取引を「原因」と「結果」に分ける、②それぞれに名前をつける、③勘定科目を左右に分けて記入し、金額を書き入れる、という3段階で考えるとスムーズにできます。その勘定科目がどのグループなのかを理解し、借方と貸方のどちらに記入するかを判断することも重要です。では、練習していきましょう。

資産グループ ❶ 「現金」の仕訳

[取引] 「現金」を
普通預金口座から引き出した

資産 ↕	負債
	純資産
費用	収益

現金3万円を普通預金口座から引き出した

資産グループの代表的な勘定科目は「現金」です。簿記で使う「現金」は、一般的に使う「現金」という言葉とは異なっています。

簿記での「現金」には、紙幣や硬貨だけでなく、他社が振り出した小切手や郵便為替証書、送金小切手も含まれます。他社が振り出した小切手は銀行、郵便為替証書はゆうちょ銀行や郵便局、送金小切手は銀行へ持っていけばすぐに換金できるため、「現金」として扱うのです。

普通預金から現金を引き出したときの考え方

現金がない！
口座から引き出そう

3万円

原因　現金を引き出した（＝現金が増えた）

↓

結果　普通預金口座のお金が減った

↓

現金は「資産グループ」の勘定科目

↓

借方	貸方
資産 ➕ 資産が増えたら左側に記入	資産 ➖ 資産が減ったら右側に記入

資産グループの勘定科目は
増えたら左側と覚えましょう

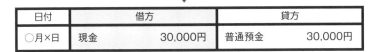

取引 普通預金から現金3万円を引き出した

取引を「原因」と「結果」に分ける

現金が増えた　　　　　　普通預金が減った

現金が3万円増えた　　　　普通預金が3万円減った

それぞれに名前（勘定科目）をつける

現金は「現金」（資産グループ）　　　普通預金は「普通預金」（資産グループ）

勘定科目を左右に分けて記入し、金額を書き入れる

資産が増加　　　　　　　資産が減少

資産が増加したら借方（左側）に　　資産が減少したら貸方（右側）に

日付	借方		貸方	
○月×日	現金	30,000円	普通預金	30,000円

現金は資産グループだから、増えたら左側（貸方）に記入するのか

そうです。貸借対照表を思い出すとわかりやすいですよね

借方に「現金3万円」、貸方に「普通預金3万円」と記入

　この取引では、現金3万円を普通預金口座から引き出すので、現金が3万円増えると同時に、普通預金が3万円減ることになります。

　現金は資産グループの勘定科目、普通預金も資産グループの勘定科目でしたね。つまり、資産の増加と資産の減少です。資産グループは増えたら借方（左側）、減ったら貸方（右側）に記入します。

　そこで、借方に「現金30,000円」、貸方に「普通預金30,000円」と記入すれば、この取引の仕訳は完了です。

資産グループ **②** 「預金」の仕訳

[取引] レジのお金を
普通預金口座に預けた

レジのお金10万円を普通預金口座に預け入れた

　簿記で使う「普通預金」は、会社が事業のために開設した普通預金口座のことです。

　銀行の口座には、いつでも引き出せて預金や送金、引き落としを行う普通預金口座と、一定期間引き出せない定期預金口座、小切手や手形の支払いを決済するための当座預金などがあります。なお、預金は資産グループなので、増えたら借方、減ったら貸方に記入します。

▼ レジのお金10万円を普通預金口座に預け入れたときの考え方

現金を普通預金口座に
預けておこう

10万円

原因 普通預金口座に預けた（＝普通預金残高が増えた）

結果 現金が減った

預金は「資産グループ」の勘定科目

借方	**貸方**
資産 ⊕ 資産が増えたら左側に記入	資産 ⊖ 資産が減ったら右側に記入

普通預金や定期預金、当座預金は
資産グループですよ

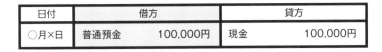

取引 レジ（お店）のお金10万円を普通預金に預けた

取引を「原因」と「結果」に分ける

	普通預金が増えた	現金が減った
	預金が10万円増えた	現金が10万円減った

それぞれに名前（勘定科目）をつける

普通預金は「普通預金」（資産グループ）　現金は「現金」（資産グループ）

勘定科目を左右に分けて記入し、金額を書き入れる

資産が増加　資産が減少
資産が増加したら借方（左側）に　資産が減少したら貸方（右側）に

日付	借方		貸方	
○月×日	普通預金	100,000円	現金	100,000円

普通預金は資産グループだから、増えたら左側（借方）に記入するんだね

資産グループは増えたら借方（借側）と覚えておきましょう

借方に「普通預金10万円」、貸方に「現金10万円」と記入

　この取引では、普通預金口座に10万円を預け入れるので、普通預金が10万円増える一方で、レジにあった現金が10万円減ります。

　普通預金は資産グループの勘定科目、現金も資産グループの勘定科目なので、これも資産の増加と資産の減少の組み合わせです。

　借方に「普通預金100,000円」、貸方に「現金100,000円」と記入すれば、仕訳は完了です。

資産グループ ③ 「前払金」の仕訳

[取引] 仕入商品を
受け取る前に手付金を支払った

資産 ↑↓	負債
	純資産
費用	収益

仕入商品の手付金10万円を現金で支払った

商品や原材料を仕入れる際、受け取る前に支払う代金や代金の一部を「前払金」といいます。

展示会などで新製品の発売前に支払う「予約金」や、取り置きをしてもらうときに予約を確約するために支払う「手付金」などが前払金です。

前払金は資産グループなので、増えたら借方（左側）、減ったら貸方（右側）に記入します。

商品代金の手付金を10万円支払った

あのバッグ、
明後日まで取って
おいてくれませんか？

手付金 10万円

手付金として、
先に10万円
払ってください

原因 手付金を支払った（＝前払金が増えた）

↓

結果 現金が減った

↓

手付金は「前払金」で「資産グループ」

↓

左 借方	貸方 右
資産 ⊕ 資産が増えたら左側に記入	資産 ⊖ 資産が減ったら右側に記入

予約金や手付金（内金）などが前払金です

取引 商品代金の手付金を10万円支払った

前払金の仕訳

取引を「原因」と
「結果」に分ける

手付金が増えた	現金が減った
手付金が 10万円増えた	現金が 10万円減った

それぞれに名前
（勘定科目）を
つける

手付金は「前払金」 （資産グループ）	現金は「現金」 （資産グループ）

勘定科目を
左右に分けて記入し、
金額を書き入れる

資産が増加	資産が減少
資産が増加したら借方(左側)に	資産が減少したら貸方(右側)に

日付	借方		貸方	
○月×日	前払金	100,000円	現金	100,000円

商品を仕入れるための
手付金は「前払金」という
勘定科目なんですね

そうです。「前払金」は
資産グループなので、
増えたら借方に記入します

借方に「前払金10万円」、貸方に「現金10万円」と記入

　手付金は「前払金」という勘定科目です。手付金を10万円支払うことで前払金が10万円増えた一方で、現金は10万円減ります。

　前払金は資産グループの勘定科目、現金も資産グループの勘定科目なので、資産の増加と資産の減少の組み合わせです。

　借方に「前払金100,000円」、貸方に「現金100,000円」と記入しましょう。どうですか？　簡単だったでしょう？

資産グループ ④ 「仮払金」の仕訳

	負債
↑ 資産 ↓	
	純資産
費用	収益

[取引] 買い付けで出張する
社員に旅費を5万円仮払いした

仮払金を5万円渡して、現金が5万円減った

　出張の旅費交通費や、接待での交際費など、費用がいくらかかるのかわからない状態で、従業員に前もっておおまかなお金を渡したときは「仮払金」という勘定科目を使います。

　仮払金は資産グループの勘定科目です。仮払金を渡した（発生した）ら借方に記入します。

▽ 買い付けで出張する社員に旅費を仮払いしたときの考え方

お金が足りないので
旅費を5万円仮払い
してください

5万円

原因　出張前に旅費として現金5万円を渡した
　　　（＝仮に渡すお金が5万円増えた）
　　　　　　　↓
結果　現金が減った
　　　　　　　↓
仮に渡したお金は「仮払金」で「資産グループ」
　　　　　　　↓

左 借方	貸方 右
資産 ➕ 資産が増えたら左側に記入	資産 ➖ 資産が減ったら右側に記入

仮払金は、大まかな金額を渡すので、
金額が確定したら精算の仕訳が必要です

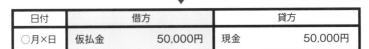

| | 取引 | 買い付けで出張する社員に旅費を5万円仮払いした |

仮払金の仕訳

① 取引を「原因」と「結果」に分ける

仮払金が増えた
┃ 仮払金が5万円増えた ┃

現金が減った
┃ 現金が5万円減った ┃

② それぞれに名前（勘定科目）をつける

仮に渡すお金は「仮払金」（資産グループ）

現金は「現金」（資産グループ）

③ 勘定科目を左右に分けて記入し、金額を書き入れる

資産が増加
資産が増加したら借方（左側）に

資産が減少
資産が減少したら貸方（右側）に

日付	借方		貸方	
○月×日	仮払金	50,000円	現金	50,000円

仮の金額を渡すから仮払金なんですね

仮払金も資産グループの勘定科目です

借方に「仮払金5万円」、貸方に「現金5万円」と記入

　この取引では、出張の旅費交通費にいくらかかるのかが確定していないので、大まかな金額として5万円を渡すことになります。仮払金が5万円発生し、現金が5万円減るので、借方に「仮払金50,000円」、貸方に「現金50,000円」と記入します。

　旅費交通費の金額が確定したら、費用を計上して仮払金を0円にする仮払金の精算と呼ばれる仕訳をしましょう（111ページ参照）。

→ 資産グループ ❺ 「売掛金」の仕訳

[取引] 取引先に
商品を掛（ツケ）で売った

	負債
↑ 資産	純資産
費用	↑ 収益

取引先へ商品を3万円売り、代金は後日受け取る約束をした

　商品を売るときに、代金を後日支払う約束（掛払い、後払い、ツケ）をされることがあります。

　この場合には、売ったときの掛払いの金額を「売掛金」という勘定科目で処理します。売掛金は資産グループなので、発生したら借方、取り消されたら貸方に記入します。

▽ **商品を売り上げて、代金を月末に受け取るときの考え方**

毎度ありがとう
ございます。
月末ですね。
わかりました。

3万円

あの洋服、
3セット買います。
代金は月末に払います

原因 「売掛金」という資産が3万円増えた

↓

結果 「売上」という収益が3万円発生した

↓

売掛金は「資産グループ」

↓

左 借方	貸方 右
資産 ➕ 資産が増えたら左側に記入	資産 ➖ 資産が減ったら右側に記入

売掛金を回収するとお金になるので
資産グループです

取引　商品を3万円売り上げ、
代金を月末に受け取る約束をした

売掛金の仕訳

取引を「原因」と
「結果」に分ける

売掛金が増えた	売上が増えた
売掛金が3万円増えた	売上が3万円増えた

それぞれに名前
（勘定科目）を
つける

商品を売って代金をあとで受け取る「売掛金」（資産グループ）	「売上」という収益が発生した（収益グループ）

勘定科目を
左右に分けて記入し、
金額を書き入れる

資産が増加	収益が増加
資産が増加したら借方（左側）に	収益が増加したら貸方（右側）に

日付	借方	貸方
○月×日	売掛金　　　30,000円	売上　　　　30,000円

収益グループの
仕訳も確認
しておこう

売上（収益）

借方	貸方
売上が取り消された ➖	売上が発生した ➕

借方に「売掛金3万円」、貸方に「売上3万円」と記入

　この取引では、得意先に3万円分の商品を売ったものの、掛で売っているので代金は後日支払われます。つまり、「売掛金」が3万円発生すると当時に、売上が3万円増加しています。

　売掛金は資産グループの勘定科目なので、増加したら借方に記入します。一方、売上は収益グループなので増えたら貸方に記入するのでしたね。覚えていましたか？　借方に「売掛金30,000円」、貸方に「売上30,000円」と記入します。

資産グループ ⑥ 「受取手形」の仕訳

[取引] 商品の代金を「手形」で受け取った

得意先に商品を100万円売って、代金を約束手形で受け取った

商品を売ったり、売掛金を回収するときに、「約束手形」をもらうことがあります。手形は、決まった期日に、決まった金額（手形面に記載されている金額）を支払うことを約束した証書で、銀行でお金に換えられます。

手形を受け取ったときは「受取手形」という資産グループの勘定科目で処理します。

▼ 商品を売って、「手形」を受け取ったときの考え方

毎度ありがとうございます。3カ月後にお願いします

あのバッグ、20個買います。代金は3カ月後にお支払いします

約束手形

原因　商品を売って、3カ月後に支払う約束の手形を受け取った（「受取手形」が増えた）

↓

結果　売上が増えた（「収益」が増えた）

↓

「受取手形」は「資産グループ」

↓

左 借方	貸方 右
資産 ➕ 資産が増えたら左側に記入	資産 ➖ 資産が減ったら右側に記入

受取手形は資産グループですよ

取引 商品を売って、3カ月後に100万円
支払う約束の手形を受け取った

受取手形の仕訳

① 取引を「原因」と
「結果」に分ける

受取手形が増えた
受取手形が
100万円増えた

売上が増えた
売上が
100万円増えた

② それぞれに名前
（勘定科目）を
つける

「受取手形」は
（資産グループ）

「売上」は
（収益グループ）

③ 勘定科目を
左右に分けて記入し、
金額を書き入れる

資産が増加
資産が増加したら借方（左側）に

収益が増加
収益が増加したら貸方（右側）に

日付	借方	貸方
○月×日	受取手形　　　1,000,000円	売上　　　　　1,000,000円

売上（収益）

借方	貸方
売上が取り消された ➖	売上が発生した ➕

収益が増えたときも貸方（右側）に記入するんだったね

借方に「受取手形100万円」、貸方に「売上100万円」と記入

　売上代金100万円分を約束手形で受け取ったので、「受取手形」が
100万円増えると同時に、売上が100万円増えることになります。
　受取手形は資産グループの勘定科目、売上は収益グループの勘定
科目です。仕訳は、借方に「受取手形1,000,000円」、貸方に「売上
1,000,000円」と記入します。

資産グループ ❼ 「貸付金」の仕訳

資産 ↑↓	負債
	純資産
費用	収益

［取引］
取引先に現金を貸し付けた

取引先に現金50万円を貸し付けた

　会社が取引先や従業員などにお金を貸したときは、「貸付金」という勘定科目を使って仕訳をします。

　この例の場合は、貸付金が50万円増えて、現金が50万円減ることになります。

　貸付金は、返してもらえばお金が増えるので、将来お金になる資産グループです。増えたら借方、減ったら貸方に記入します。

▼ **取引先に現金50万円を貸し付けたときの考え方**

（お得意さまだし、断れないわね…）ええ、もちろん！

ところで、50万円貸していただけないかしら…

50万円

原因 取引先にお金を貸し付けた（＝貸付金が増えた）

↓

結果 現金が減った

↓

貸付金は「資産グループ」の勘定科目

左	借方	貸方	右
	資産 ➕ 資産が増えたら左側に記入	資産 ➖ 資産が減ったら右側に記入	

「貸付金」という名前ですが、貸方の勘定項目ではありません

取引 取引先に現金50万円を貸し付けた

取引を「原因」と「結果」に分ける

貸付金が増えた	現金が減った
貸付金が50万円増えた	現金が50万円減った

↓

それぞれに名前（勘定科目）をつける

貸付金は資産グループ　　現金は資産グループ

↓

勘定科目を左右に分けて記入し、金額を書き入れる

資産が増加　　　　　　　資産が減少

資産が増加したら借方（左側）に　資産が減少したら貸方（右側）に

↓

日付	借方		貸方	
○月×日	貸付金	500,000円	現金	500,000円

貸付金は資産グループだから、増えたら左側（借方）だね

現金（資産）

借方	貸方
資産が増えた ➕	資産が減った ➖

それと、資産グループが減ったときは貸方（右側）に記入します

借方に「貸付金50万円」、貸方に「現金50万円」と記入

　この取引では、取引先にお金を貸し、貸付金が50万円増えた一方で、お金を貸したことで現金が50万円減っています。

　貸付金も現金も資産グループの勘定科目なので、資産の増加と資産の減少の組み合わせです。借方に「貸付金500,000円」、貸方に「現金500,000円」と記入して仕訳をします。

資産グループ ⑧ 「有形固定資産」の仕訳

	資産	負債
		純資産
	費用	収益

[取引] 「固定資産」を
購入して代金は後払いにした

仕入に使う車両100万円を購入して代金を後払いに

　建物や機械装置、車両運搬具、構築物、備品、土地など1年以上使う資産のことを「固定資産」と呼んでいます。

　固定資産のなかでも建物や土地、車両運搬具など形のあるもののことを「有形固定資産」といいます。固定資産は資産グループなので、増えたら借方、減ったら貸方に記入します。

100万円の車両を購入し、代金を後払いしたときの考え方

100万円

仕入に使う車が故障した。
買い替えなきゃ。でも、
代金は後払いだな

[原因] 車両（車両運搬具）を購入した
（＝有形固定資産が増えた）

↓

結果 未払金が増えた（＝負債が増えた）

↓

車両運搬具（有形固定資産）は「資産グループ」

↓

借方	貸方
資産 ⊕ 資産が増えたら左側に記入	資産 ⊖ 資産が減ったら右側に記入

飲食店では、厨房機器や調理器具、
冷蔵庫なども有形固定資産にあたります

取引　100万円の車両を購入し、代金を後払いした

取引を「原因」と「結果」に分ける

車両運搬具が増えた
車両運搬具が100万円分増えた

未払金が増えた
未払金が100万円増えた

それぞれに名前（勘定科目）をつける

車両運搬具は有形固定資産（資産グループ）

未払金は負債グループ

勘定科目を左右に分けて記入し、金額を書き入れる

資産が増加
資産が増加したら借方（左側）に

負債が増加
負債が増加したら貸方（右側）に

日付	借方	貸方
○月×日	車両運搬具　1,000,000円	未払金　　　1,000,000円

未払金（負債）

借方	貸方
負債が減った ➖	負債が増えた ➕

車も資産なんですね。だから増えたら左側（借方）に書くのかあ

負債グループの仕訳も確認しておきましょう。負債が増えたら貸方（右側）に記入します

借方に「車両運搬具100万円」、貸方に「未払金100万円」と記入

　仕入など業務に使う車両は「車両運搬具」という勘定科目になります。この取引では、車両運搬具が100万円増える一方で、後払いする代金の「未払金」が100万円増えます。固定資産は資産グループ、未払金は負債グループの勘定科目です。借方に「車両運搬具1,000,000円」、貸方に「未払金1,000,000円」と記入します。

資産グループ ❾ 「無形固定資産」の仕訳

［取引］「無形固定資産」を現金で購入した

資産 ↑↓	負債
	純資産
費用	収益

100万円のソフトウエアを現金で購入した

　1年以上使う資産のうち、具体的な形はないものの、法律上の権利や営業権が認められているものを「無形固定資産」と呼んでいます。

　無形固定資産には、ソフトウエアや商標権、特許権、実用新案権、意匠権、鉱業権、地上権、電話加入権、著作権などがあります。資産グループなので、増えたら借方、減ったら貸方に記入します。

100万円のソフトウエアを現金で購入したときの考え方

ソフトウエア
100万円

これからは請求書も
社員の勤怠管理も
オンラインの時代ね。
ソフトウエアを揃えましょう

原因 ソフトウエアを購入した（＝無形固定資産が増えた）

↓

結果 現金が減った

↓

ソフトウエア（無形固定資産）は「資産グループ」

↓

借方	貸方
資産 ➕ 資産が増えたら左側に記入	資産 ➖ 資産が減ったら右側に記入

形はなくても法律上の権利が
認められているのが無形固定資産です

無形固定資産の仕訳

取引　100万円のソフトウエアを現金で購入した

① 取引を「原因」と「結果」に分ける

ソフトウエアが増えた

ソフトウエアが100万円分増えた

現金が減った

現金が100万円減った

② それぞれに名前（勘定科目）をつける

ソフトウエアは無形固定資産（資産グループ）

現金は資産グループ

③ 勘定科目を左右に分けて記入し、金額を書き入れる

資産が増加

資産が増加したら借方（左側）に

資産が減少

資産が減少したら貸方（右側）に

日付	借方	貸方
○月×日	ソフトウエア　　1,000,000円	現金　　　　　1,000,000円

ソフトウエアも資産なんですね。形がない資産なのかあ…

特許権や商標権、意匠権、著作権なども無形固定資産です。漁業権や鉱業権も無形固定資産なんですよ

借方に「ソフトウエア100万円」、貸方に「現金100万円」と記入

　このケースでは、会社の経理や勤怠管理などを行う100万円のソフトウエアを現金で購入しています。つまり、ソフトウエアが100万円増え、現金が100万円減っています。

　そこで、借方に「ソフトウエア1,000,000円」、貸方に「現金1,000,000円」と記入して仕訳をします。

資産グループ ⑩ 「備品」の仕訳

[取引]
パソコンを現金で購入した

↑ 資産 ↓	負債
	純資産
費用	収益

業務用のパソコン18万円を現金で購入した

　会社で使用する机やいす、キャビネットなどの什器や、パソコンなどの電子機器のうち、10万円以上で耐用年数が1年以上あるものを「備品」といいます。

　備品は、資産グループの勘定科目なので、増えたときには借方（左側）、減ったときには貸方（右側）に記入します。

▼ **経理用のパソコン18万円を現金で購入したときの考え方**

パソコン 18万円

> よく考えたら、
> ソフトウエアの前に
> 経理用のパソコンを
> 買わなきゃならないわね

原因　**経理用のパソコンを購入した（＝備品が増えた）**
↓
結果　**現金が減った**
↓

パソコン（備品）は「資産グループ」

↓

左 借方	貸方 右
資産 ➕ 資産が増えたら左側に記入	**資産** ➖ 資産が減ったら右側に記入

> ちなみに、10万円未満で耐用年数が1年未満のものは
> 「消耗品」という勘定科目になります

| 取引 | 経理用のパソコン18万円を現金で購入した |

取引を「原因」と「結果」に分ける

備品が増えた　　　　　　　　　　現金が減った

| 備品が18万円分増えた | | 現金が18万円減った |

それぞれに名前（勘定科目）をつける

パソコンは備品（資産グループ）　　　現金は資産グループ

勘定科目を左右に分けて記入し、金額を書き入れる

資産が増加　　　　　　　　　　　資産が減少

資産が増加したら借方(左側)に　　資産が減少したら貸方(右側)に

日付	借方		貸方	
○月×日	備品	180,000円	現金	180,000円

資産が増えたら左側、
資産が減ったら右側。
資産グループの仕訳は、
だいぶわかってきたぞ

仕訳は「覚えること」も
大切です。
しっかり覚えて
仕訳を制しましょう！

借方に「備品18万円」、貸方に「現金18万円」と記入

　この取引では、経理や社員の勤怠管理に使う経理用のパソコンを18万円で購入し、代金を現金で支払っています。パソコンは備品なので、備品が18万円増え、現金が18万円減っています。

　備品も現金も資産グループの勘定科目なので、借方に「備品180,000円」、貸方に「現金180,000円」と記入します。

［取引］「有価証券」を購入し、代金を現金で支払った

↑ 資産 ↓	負債
	純資産
費用	収益

A社の株式30万円と手数料500円を現金で支払った

　会社は余剰資金を株式や債券などで運用することがあります。株式や国債、社債、公社債などは「有価証券」という勘定科目です。

　有価証券は、有価証券自体の購入価格だけでなく、購入手数料を含めた「取得原価」を資産計上できます。

　有価証券は、売却すればお金に換えられるので、資産グループです。

▽ A社の株式30万円と手数料500円を
　証券会社に現金で支払ったときの考え方

株式 30万円
手数料 500円

A社の株は上がりそうね。
買っておきましょう。
手数料は500円ですって

原因 　有価証券という資産が30万500円増えた
　　　（＝有価証券が増えた）

有価証券の購入代価30万円＋手数料500円＝30万500円（取得原価）

↓

結果 　現金が減った

↓

有価証券は「資産グループ」

↓

左 借方	貸方 右
資産 ➕ 資産が増えたら左側に記入	資産 ➖ 資産が減ったら右側に記入

有価証券の仕訳

取引 A社の株式30万円と手数料500円を証券会社に現金で支払った

① 取引を「原因」と「結果」に分ける

有価証券が増えた
有価証券が30万500円増えた

現金が減った
現金が30万500円減った

② それぞれに名前（勘定科目）をつける

有価証券は資産グループ

現金は資産グループ

③ 勘定科目を左右に分けて記入し、金額を書き入れる

資産が増加
資産が増加したら借方（左側）に

資産が減少
資産が減少したら貸方（右側）に

日付	借方		貸方	
○月×日	有価証券	300,500円	現金	300,500円

有価証券も現金も資産グループだから、借方に「有価証券30万500円」、貸方に「現金30万500円」と記入するんだね

そうです。有価証券は購入手数料を含めた「取得原価」を資産として計上できるんですよ

借方に「有価証券30万500円」、貸方に「現金30万500円」と記入

　この取引では、A社の株式を30万円で購入し、手数料が500円かかったので、30万500円を証券会社に現金で支払いました。そのため、有価証券が30万500円増え、現金が30万500円減っています。どちらも資産グループなので、増えたら借方、減ったら貸方に記入、でしたね。仕訳は、借方に「有価証券300,500円」、貸方に「現金300,500円」と記入します。

→ 負債グループ **①** 「買掛金」の仕訳

［取引］商品を仕入れて
代金は後日支払うことにした

商品30万円を仕入れて、代金は後日支払うことにした

　商品や原材料などを仕入れて、代金は後日支払う（ツケで買う）ことを「掛買」や「掛仕入」と呼んでいます。

　掛買や掛仕入をしたときに使う勘定科目が「買掛金」です。

　買掛金は負債グループの勘定科目なので、発生した（増えた）ときには貸方（右側）、減ったときには借方（左側）に記入することになっています。

▼ 商品30万円を仕入れて、代金は後日支払うときの考え方

あのバッグ
10個ください。
代金は月末に
払います

30万円

毎度ありがとう
ございます。
月末ですね

| 原因 | 商品を代金後払いで仕入れた |

| 結果 | 買掛金が増えた |

買掛金は「負債グループ」の勘定科目

借方	貸方
負債 ➖ 負債が減ったら左側に記入	**負債** ➕ 負債が増えたら右側に記入

商品の引き渡し時には代金を払わず、
後日支払うことを「掛取引」といいます

買掛金の仕訳

取引 商品30万円を仕入れて、代金は後日支払う

① 取引を「原因」と「結果」に分ける

商品を仕入れた
→仕入が発生した

仕入が30万円発生した

代金は後払い
→買掛金が増加した

買掛金が30万円増加した

② それぞれに名前（勘定科目）をつける

仕入は費用グループ

買掛金は負債グループ

③ 勘定科目を左右に分けて記入し、金額を書き入れる

費用が発生
費用が増加したら借方（左側）に

負債が増加
負債が増加したら貸方（右側）に

日付	借方		貸方	
○月×日	仕入	300,000円	買掛金	300,000円

負債が増えたときは貸方（右側）に記入します。迷ったら、貸借対照表を思い出せばわかりますよ

貸借対照表（B/S）	
資産	負債
	純資産

借方に「仕入30万円」、貸方に「買掛金30万円」と記入

　買掛金は、あとで代金を支払う義務がある「仕入債務」のため、負債グループです。また、この取引では、商品を仕入れているので仕入が発生しています。仕入は費用グループなので、増えたら借方（左側）に記入します。

　負債が30万円増え、費用も30万円増えているので、借方に「仕入300,000円」、貸方に「買掛金300,000円」と記入して処理します。

負債グループ ② 「支払手形」の仕訳

［取引］買掛金を、約束手形を振り出して支払った

資産	負債 ↑↓
	純資産
費用	収益

買掛金30万円を約束手形を振り出して支払った

商品や原材料を掛取引で仕入れたものの、支払う約束の日が来ても、すぐには支払うことができない場合もあります。

そんなときには、決められた期日に、決められた金額を支払うことを約束する証書である「約束手形」を振り出すことで、支払いを猶予してもらうことも。このような取引には、「支払手形」という勘定科目が使われます。

▽ **買掛金30万円を、約束手形を振り出して支払った**

ごめんなさい。
すぐには支払えないんです。
3カ月後には払います

30万円

約束手形

わかりました。
3カ月後ですね

> **原因** 約束手形（支払手形）という負債が増えた
>
> ↓
>
> **結果** 買掛金という負債が減った
>
> ↓
>
> 支払手形は「負債グループ」の勘定科目

↓

左 借方	貸方 右
負債 ⊖ 負債が減ったら左側に記入	**負債** ⊕ 負債が増えたら右側に記入

> 約束手形で支払期日を延ばすことで
> 余裕をもってお金を準備することができます

支払手形の仕訳

取引 買掛金30万円を、
約束手形を振り出して支払った

① 取引を「原因」と
「結果」に分ける

買掛金が減った

| 買掛金 30万円が減った |

支払手形を振り出した

| 支払手形が 30万円増加した |

② それぞれに名前
（勘定科目）を
つける

買掛金は
負債グループ

支払手形は
負債グループ

③ 勘定科目を
左右に分けて記入し、
金額を書き入れる

負債が減少

負債が減少したら借方（左側）に

負債が増加

負債が増加したら貸方（右側）に

日付	借方		貸方	
○月×日	買掛金	300,000円	支払手形	300,000円

このケースは、
負債同士の勘定科目が
変わっただけで、
負債は増えても減っても
いません

ホントだ。
買掛金が支払手形に
変わったことで、
返済期日が延びた
だけだね

借方に「買掛金30万円」、貸方に「支払手形30万円」と記入

　約束手形は、後日お金を支払う義務がある負債です。「支払手形」
という負債グループの勘定科目になります。

　この取引では、買掛金という負債が30万円減り、支払手形という
負債が30万円増えています。負債グループの勘定科目が入れ替わっ
た取引と言えるでしょう。仕訳では、借方に「買掛金300,000円」、
貸方に「支払手形300,000円」と記入します。

↑資産	↑負債
	純資産
費用	収益

[取引] 備品を購入して 代金は後払いにした

パソコン18万円を代金後払いで購入した

　その会社の本来の営業取引以外のもの、つまり商品や原材料以外の備品を購入し、代金を後払いする場合には「未払金」という勘定科目を使います。

　ラーメン屋さんの社長にとって、パソコンは本来の営業取引以外のものなので、後払いする代金は「未払金」になります。未払金は負債グループなので、増えたら貸方、減ったら借方に記入します。

🖊 パソコン（備品）18万円を代金後払いで買ったときの考え方

18万円

> PCください。
> 代金は月末に
> 払います

原因 パソコン（備品）という資産が増えた

⬇

結果 未払金が増えた

⬇

未払金は「負債グループ」の勘定科目

⬇

借方	貸方
負債 ➖ 負債が減ったら左側に記入	**負債 ➕** 負債が増えたら右側に記入

> 買掛金と未払金の使い分けについては
> 156ページで説明しますよ

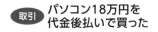

取引　パソコン18万円を
代金後払いで買った

取引を「原因」と「結果」に分ける	パソコン（備品）が増えた
	備品が18万円分増えた

未払金が増えた

未払金が18万円増加した

それぞれに名前（勘定科目）をつける	備品は資産グループ

未払金は負債グループ

勘定科目を左右に分けて記入し、金額を書き入れる	資産が増加

負債が増加

資産が増加したら借方（左側）に　　負債が増加したら貸方（右側）に

日付	借方		貸方	
○月×日	備品	180,000円	未払金	180,000円

このケースは、貸借対照表を思い出せば迷わずに済みますね

どうですか？
簿記って難しくないでしょう？

貸借対照表（B/S）	
資産	負債
	純資産

借方に「備品18万円」、貸方に「未払金18万円」と記入

　会社の経理などに使うパソコンは備品という勘定科目になります。備品の代金を後払いする場合には、未払金という勘定科目が使われます。

　この取引では、備品が18万円増えると同時に、後払いする代金の未払金も18万円増えています。備品は資産グループ、未払金は負債グループの勘定科目です。そこで仕訳では、借方に「備品180,000円」、貸方に「未払金180,000円」と記入します。

[取引] 従業員の給料から 源泉徴収税を預かった

給料20万円から源泉所得税1万円を預かり、残りを振り込んだ

従業員に給料を支払う際に所得税などを差し引いて、後日納税したり（つまり一時的に預かった）、取引先から一時的にお金を預かった場合などには、「預り金」という勘定科目を使います。預り金は、負債グループの勘定科目です。

▼ 従業員の給料20万円から源泉所得税1万円を差し引いて、
残りを振り込んだときの考え方

新しく採用したバイトの
お給料を支払わないと！
所得税の分を差し引いて
残りを振り込みましょう

20万円

預り金 1万円

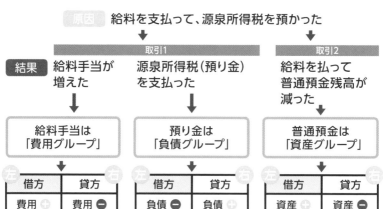

原因　給料を支払って、源泉所得税を預かった

	取引1		取引2	
結果 給料手当が増えた	源泉所得税（預り金）を支払った		給料を払って普通預金残高が減った	

| 給料手当は「費用グループ」 | 預り金は「負債グループ」 | 普通預金は「資産グループ」 |

借方	貸方	借方	貸方	借方	貸方
費用 ⊕ 費用が増えたら左側に記入	費用 ⊖ 費用が減ったら右側に記入	負債 ⊖ 負債が減ったら左側に記入	負債 ⊕ 負債が増えたら右側に記入	資産 ⊕ 資産が増えたら左側に記入	資産 ⊖ 資産が減ったら右側に記入

| 取引 | 従業員の給料20万円から源泉所得税1万円を差し引いて、残りを振り込んだ |

預り金の仕訳

① 取引を「原因」と「結果」に分ける

| 給料を支払って源泉所得税を預かった | 普通預金残高が減った |

支払う給料20万円と預かって納める所得税1万円が増えた

普通預金残高が19万円減った

② それぞれに名前（勘定科目）をつける

| 給料は「給料手当」（費用グループ） | 預かった源泉所得税は「預り金」（負債グループ） | 普通預金は資産グループ |

③ 勘定科目を左右に分けて記入し、金額を書き入れる

| **費用の増加** | **負債の増加** | **資産の減少** |
| 費用が増加したら借方（左側）に | 負債が増加したら貸方（右側）に | 資産が減少したら貸方（右側）に |

日付	借方		貸方	
○月×日	給料手当	200,000円	普通預金	190,000円
			預り金	10,000円

▶ **会社が所得税を納付したときの仕訳**

日付	借方	貸方
○月×日	預り金　10,000円	現金　10,000円

預り金（負債）が減ったので借方（左側）、預かった所得税を支払って現金（資産）が減ったので貸方（右側）に記入します

借方に「給料手当20万円」、貸方に「普通預金19万円、預り金1万円」と記入

　従業員に給料手当20万円を支払うことで、普通預金口座からお金が20万円減りますが、このうち1万円は預り金です。そこで、仕訳では、借方に「給料手当200,000円」、貸方に「普通預金190,000円（20万円－1万円）」と「預り金10,000円」と記入します。なお、会社が預り金を納付したときの仕訳は、上記のようになります。

負債グループ ⑤ 「借入金」の仕訳

	資産	負債
		純資産
	費用	収益

銀行から現金50万円を借り入れた

　銀行や他社などからお金を借りたときには、「借入金」という勘定科目を使って仕訳をします。

　借入金は負債グループの勘定科目なので、増えたら貸方、減ったら借方に記入します。ちなみに、運転資金などで一時的に借りて1年以内に返済するものを「短期借入金」、設備投資などで1年超借りるものを「長期借入金」と呼んでいます。

▼ 銀行から現金50万円を借りたときの考え方

お金が足りなくて
買い付けができないわ。
銀行から借りましょう

50万円

原因　借入金が増えた

⬇

結果　現金が増えた

⬇

借入金は「負債グループ」の勘定科目

⬇

借方	貸方
負債 ➖ 負債が減ったら左側に記入	負債 ➕ 負債が増えたら右側に記入

親会社や他人などからお金を借りた場合も
借入金として処理します

借入金の仕訳

取引 銀行から現金50万円を借り入れた

① 取引を「原因」と「結果」に分ける

現金が増えた　　　　　　　借入金が増えた

現金が50万円増えた　　　　借入金が50万円増加した

② それぞれに名前（勘定科目）をつける

現金は資産グループ　　　　借入金は負債グループ

③ 勘定科目を左右に分けて記入し、金額を書き入れる

資産が増加　　　　　　　　負債が増加

資産が増加したら借方(左側)に　　負債が増加したら貸方(右側)に

日付	借方		貸方	
○月×日	現金	500,000円	借入金	500,000円

負債が増えたときは
借方（左側）なのか、
貸方（右側）なのかは
貸借対照表を思い出せば
わかりますよ

貸借対照表（B/S）	
資産	負債
	純資産

借方に「現金50万円」、貸方に「借入金50万円」と記入

　この取引では、銀行からお金を借りたことで、現金が50万円増えると同時に、借入金が50万円増えることになります。

　現金は資産グループの勘定科目、借入金は負債グループの勘定科目でしたね。そこで、借方に「現金500,000円」、貸方に「借入金500,000円」と記入すれば、この取引の仕訳は完了です。

純資産グループ ① 「資本金」の仕訳

[取引] 株主から出資を受けて「資本金」とし、会社を設立した

現金100万円を出資して会社を設立した

　会社が株式を発行して集めたお金を「資本金」といいます。つまり、株主が会社に提供した金額が資本金です。また、株主が会社に資金を提供したことを示す有価証券が株券です。

　資本金は、株主が会社に出資したお金を記録するための純資産グループの勘定科目として使われます。

▼ 現金100万円を出資して会社を設立したときの考え方

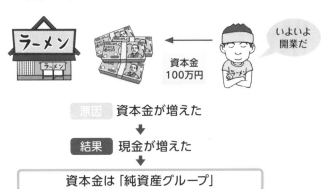

左	借方	貸方	右
	純資産 ➖ 純資産が減ったら左側に記入	純資産 ➕ 純資産が増えたら右側に記入	

純資産グループの勘定科目は
増えたら貸方（右側）、減ったら借方（左側）です

取引　現金100万円を出資して
会社を設立した

① 取引を「原因」と
「結果」に分ける

現金が増えた

現金が
100万円増えた

資本金が増えた

資本金が
100万円増加した

② それぞれに名前
（勘定科目）を
つける

現金は
資産グループ

資本金は
純資産グループ

③ 勘定科目を
左右に分けて記入し、
金額を書き入れる

資産が増加

純資産が増加

資産が増加したら借方（左側）に　　純資産が増加したら貸方（右側）に

日付	借方		貸方	
○月×日	現金	1,000,000円	資本金	1,000,000円

資本金は事業を行うための元手です。
純資産グループなので貸方（右側）に
記入します

借方に「現金100万円」、貸方に「資本金100万円」と記入

　現金100万円を出資したことで、現金が100万円増え、資本金も
100万円増えました。現金は資産グループの勘定科目、資本金は純資
産グループの勘定科目です。

　純資産グループの仕訳は、貸借対照表を思い出せば、増えたときに
借方（左側）なのか、貸方（右側）なのかがわかりますよね？

　この取引では、借方に「現金1,000,000円」、貸方に「資本金1,00
0,000円」と記入して仕訳をします。

純資産グループ ❷ 「資本準備金」の仕訳

【取引】出資金200万円のうち、100万円を「資本準備金」にした

出資金200万円のうち、100万円は資本金に組み入れない場合

　株主から出資を受けたときに、全額を資本金に組み入れずに、「資本準備金」として積み立てる場合があります。

　この資本準備金は、業績が悪化したときに取り崩して資本金を守るクッションの役目を果たすお金です。

　資本金と同じく、純資産グループの勘定科目なので、増えたときに貸方（右側）、減ったときには借方（左側）に記入します。

株主から出資金200万円が払い込まれ、
このうち100万円は資本金にしないときの考え方

資本金 100万円

100万円は
資本金にしないでおこう

資本準備金
100万円

原因	資本金にしない→	資本準備金が増えた、資本金も増えた

↓

| 結果 | 当座預金に入れた（当座預金が増えた） |

↓

資本準備金は「純資産グループ」

↓

左	借方	貸方	右
純資産 ⊖ 純資産が減ったら左側に記入		純資産 ⊕ 純資産が増えたら右側に記入	

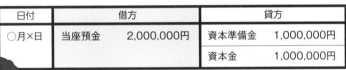

| | 取引 | 株主から出資金200万円が払い込まれ、このうち100万円は資本金にしなかった |

取引を「原因」と「結果」に分ける

当座預金が増えた

当座預金が200万円増えた

資本準備金が増えた
資本金が増えた

資本準備金が100万円増え、資本金が100万円増えた

それぞれに名前（勘定科目）をつける

当座預金は資産グループ

資本準備金は純資産グループ

勘定科目を左右に分けて記入し、金額を書き入れる

資産が増加

資産が増加したら借方（左側）に

純資産が増加

純資産が増加したら貸方（右側）に

日付	借方	貸方
○月×日	当座預金　2,000,000円	資本準備金　1,000,000円
		資本金　　　1,000,000円

「資本準備金」は、業績が悪化したときに取り崩して「資本金」を守るクッションの役目を果たします。資本金の1/2を超えない範囲で積み立てられます

借方に「当座預金200万円」、貸方に「資本準備金100万円、資本金100万円」と記入

　株主から出資してもらった200万円を当座預金に入れ、そのうちの100万円を資本金にしたものの、残りの100万円は資本金にせず、資本準備金としました。

　お金の動きとしては、当座預金が200万円増え、資本金が100万円、資本準備金が100万円増えています。当座預金は資産グループ、資本金と資本準備金は純資産グループです。なので、借方に「当座預金2,000,000円」、貸方に「資本準備金1,000,000円、資本金1,000,000円」と記入します。

純資産グループ ❸ 「繰越利益剰余金」の仕訳

[取引] 「繰越利益剰余金」から配当金
を出し、残りを利益準備金にした

繰越利益剰余金100万円のうち、70万円を配当に回し、残りを利益準備金に

　会社が営業活動を行った結果として、利益（当期純利益）が生み出されます。会社の設立から今日までの当期純利益の積み重ねが「繰越利益剰余金（くりこしりえきじょうよきん）」です。

　繰越利益剰余金は、株主に配当金として分配されるほか、会社が積み立てることを義務づけられている利益準備金などになります。

▽ 繰越利益剰余金100万円のうち、
　 70万円を株主に配当し、残りを利益準備金にするときの考え方

繰越利益剰余金
100万円のうち70万円は
株主に配当しましょう

未払金（未払配当金）
70万円

利益準備金
30万円

[原因] 繰越利益剰余金が減った
　　　　　↓
[結果] 未払金（未払配当金）が増えた
　　　　利益準備金が増えた

繰越利益余剰金、利益準備金は「純資産グループ」		未払配当金は「負債グループ」	
借方 左	**貸方** 右	**借方** 左	**貸方** 右
純資産 ⊖ 純資産が減ったら左側に記入	純資産 ⊕ 純資産が増えたら右側に記入	負債 ⊖ 負債が減ったら左側に記入	負債 ⊕ 負債が増えたら右側に記入

| | | 取引 | 繰越利益剰余金100万円のうち、
70万円を株主に配当し、
残りを利益準備金とした |

繰越利益剰余金の仕訳

① 取引を「原因」と「結果」に分ける

繰越利益剰余金が減った

繰越利益剰余金が100万円減った

未払金（未払配当金）と利益準備金が増えた

未払配当金が70万円、利益準備金が30万円増えた

② それぞれに名前（勘定科目）をつける

繰越利益剰余金は純資産グループ

未払金（未払配当金）は負債グループ

利益準備金は純資産グループ

③ 勘定科目を左右に分けて記入し、金額を書き入れる

純資産が減少

純資産が減少したら借方（左側）に

負債が増加・純資産が増加

負債が増加したら貸方（右側）に
純資産が増加したら貸方（右側）に

日付	借方	貸方
○月×日	繰越利益剰余金　1,000,000円	未払金（未払配当金）700,000円
		利益準備金　　　　300,000円

借方に「繰越利益剰余金100万円」、貸方に「未払配当金70万円、利益準備金30万円」と記入

　この取引では、繰越利益剰余金という純資産が100万円減る一方で、これから支払う配当金の勘定科目である未払配当金という負債が70万円増え、利益準備金という純資産が30万円増えます。純資産が減る一方で、負債と純資産が増えるかたちになります。そこで、借方に「繰越利益剰余金1,000,000円」、貸方に「未払配当金700,000円、利益準備金300,000円」と記入します。

損益計算書の勘定科目は、
増えたら借方（左側）に「費用」、
貸方（右側）に「収益」を記入する

損益計算書は、収益と費用から会社の儲けを計算

「収益」は会社の財産を増やすもの、「費用」は収益をあげるために使う原価や経費です。そして、収益から費用を引いたものが「利益」です。損益計算書は、その会社の1年間の収益と費用、そして利益を表した会社の成績表と言えます。

なお、会社の支出＝費用ではありません。例えば、借入金を返済するとお金は出ていきますが、これは費用ではありません。費用とは、収益から差し引く必要のある出費のことを言います。

損益計算書

売上高	○○○○
売上原価	○○○○
売上総利益	○○○○
販売費及び一般管理費	○○○○
営業利益	○○○○
営業外収益	○○○○
営業外費用	○○○○
経常利益	○○○○
特別利益	○○○○
特別損失	○○○○
税引前当期純利益	○○○○
法人税、住民税及び事業税	○○○○
法人税等調整額	○○○○
当期純利益	○○○○

損益計算書では、
会社の業績や
稼ぐ力がわかります。
仕訳は、これを
作ることがゴールの
ひとつ。がんばって
勉強してくださいね

仕訳のルールのおさらい（損益計算書）

借方	貸方
費用 ➕ 費用が増えたら左側に記入	**費用** ➖ 費用が減ったら右側に記入
収益 ➖ 収益が減ったら左側に記入	**収益** 収益が増えたら右側に記入

損益計算書の仕訳は、費用が発生したら左側（借方）、収益が発生したら右側（借方）と覚えるといいですよ

費用（ひよう）の「う」は

左方向 う

借方	貸方
費用 ➕	収益 ➕

収益（しゅうえき）の「き」は

き 右方向

……って覚えたらどうでしょう？

どのグループの勘定科目か、借方か貸方かの判断が重要

　仕訳をするときは、①取引を「原因」と「結果」に分ける、②それぞれに名前をつける、③勘定科目を左側と右側に分けて記入し、金額を書き入れるという3段階で考えるとお伝えしましたね。

　なかでも重要なのが③です。その勘定科日がどのグループなのかを理解し、借方と貸方のどちらに記入するかを正しく判断できないと、仕訳をすることができません。

　でも、大丈夫。損益計算書の勘定科目である費用は発生したら左側、収益は増えたら右側と覚えてしまえば簡単ですよ。

費用グループ ① 「仕入」の仕訳

[取引]
商品を現金で仕入れた

資産	負債
↓	純資産
↑	
費用	収益

現金30万円で商品を仕入れた

　会社が本来の営業活動をするうえで販売するための商品や、その原材料などを購入するときに使う勘定科目が「仕入」です。

　仕入は、費用グループの勘定科目なので、発生した（増えた）ときには借方（左側）、減った（取消や返品など）ときには貸方（右側）に記入して仕訳をします。ちなみに、現金は資産グループの勘定科目でしたね。増えたときは借方、減ったときは貸方ですよ。

▼ 現金30万円で商品を仕入れたときの考え方

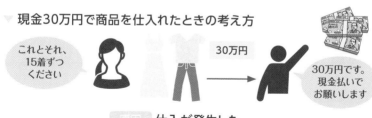

これとそれ、15着ずつください

30万円

30万円です。現金払いでお願いします

原因 **仕入が発生した**

↓

結果 **現金が減った**

↓

仕入は「費用グループ」の勘定科目

↓

左	借方	貸方	右
	費用 ➕ 費用が発生したら左側に記入	**費用** ➖ 費用が取り消されたら右側に記入	

仕入は、費用グループの代表的な勘定科目です。
増えたときは左側としっかり覚えましょう

仕入の仕訳

取引 現金30万円で商品を仕入れた

① 取引を「原因」と「結果」に分ける

仕入が発生した
商品を30万円仕入れた

現金が減った
現金が30万円減った

② それぞれに名前（勘定科目）をつける

仕入は費用グループ

現金は資産グループ

③ 勘定科目を左右に分けて記入し、金額を書き入れる

費用が発生（増加）
費用が発生したら借方（左側）に

資産が減少
資産が減少したら貸方（右側）に

日付	借方		貸方	
○月×日	仕入	300,000円	現金	300,000円

ボクの場合だと、肉とか野菜とか調味料が仕入に該当するんだろうな

そうですね。仕入をしたら借方（左側）に記入してください

借方に「仕入30万円」、貸方に「現金30万円」と記入

　この取引では、お店で販売するための商品を30万円購入したことによって、「仕入」が30万円発生しました。そして、代金を現金で支払ったため、現金が30万円減っています。

　費用グループの勘定科目は、発生したら借方に記入するのでしたね。なので、借方に「仕入300,000円」、貸方に「現金300,000円」と記入すれば、この仕訳は完成です。

費用グループ ② 「旅費交通費」の仕訳

［取引］交通機関を利用して現金で支払った

資産 ↓ ↑ 費用	負債
	純資産
	収益

電車代とバス代5000円を現金で支払った

　買い付けや営業活動、打ち合わせなどのために、電車やバス、タクシー、飛行機などの交通機関を使って運賃を払ったり、出張などで宿泊費を支払った場合の取引は、「旅費交通費」という勘定科目で処理します。

　旅費交通費は、費用グループの勘定科目なので、発生したら借方（左側）、減ったら（取消など）貸方（右側）に記入します。

▼ 電車賃とバス代5000円を現金で払ったときの考え方

ダシにはこだわりたいよな

5000円

食材を探して行脚している
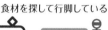

原因	電車賃とバス代（旅費交通費）が発生した

↓

結果	現金が減った

↓

旅費交通費は「費用グループ」の勘定科目

↓

左	借方	貸方	右
	費用 ➕ 費用が発生したら左側に記入	費用 ➖ 費用が取り消されたら右側に記入	

現金は資産グループの勘定科目でしたね。費用グループの仕訳では、費用が増加し、資産が減る組み合わせがよく出てきます。

取引 電車代とバス代5000円を現金で払った

取引を「原因」と「結果」に分ける

旅費交通費が発生した	現金が減った
電車代とバス代に5000円を払った	現金が5000円減った

それぞれに名前（勘定科目）をつける

旅費交通費は費用グループ	現金は資産グループ

勘定科目を左右に分けて記入し、金額を書き入れる

費用が発生（増加）	資産が減少
費用が発生したら借方（左側）に	資産が減少したら貸方（右側）に

日付	借方	貸方
○月×日	旅費交通費　　5,000円	現金　　　　　5,000円

趣味の海釣りに行ったときのお金も旅費交通費になるんですか？

それって仕事上の費用じゃないですよね…

借方に「旅費交通費5,000円」、貸方に「現金5,000円」と記入

　この取引では、旅費交通費という費用が5000円発生し、現金が5000円減っています。そこで、借方に「旅費交通費5,000円」、貸方に「現金5,000円」と記入します。

　なお、74～75ページでは、旅費交通費のために仮払金を5万円出す取引を紹介し、借方に「仮払金 50,000円」、貸方に「現金50,000円」と記入する処理をしました。実際には旅費交通費が4万円だった場合には、借方に「旅費交通費40,000円、現金10,000円」、貸方に「仮払金50,000円」と記入して、精算のための仕訳を行います。

費用グループ ③ 「水道光熱費」の仕訳

[取引] 電気代が普通預金口座から引き落とされた

資産	負債
↓	純資産
↑	
費用	収益

電気代2万円が普通預金口座から引き落とされた

　電気料金やガス料金、水道料金の支払いは、まとめて「水道光熱費」という勘定科目で処理することが一般的です。

　水道光熱費は、提供各社と自動引落の契約をしているケースが多いのではないでしょうか。普通預金口座から引き落とされる場合には、「普通預金」という勘定科目で処理しましょう。なお、水道光熱費は費用グループ、普通預金は資産グループです。

▼ 電気代2万円が普通預金口座から引き落とされたときの考え方

あれっ、預金が減ってる！電気代に2万円もかかったのか…

電気代 2万円

BANK

原因 電気代（水道光熱費）が発生した

↓

結果 普通預金が減った

↓

水道光熱費は「費用グループ」の勘定科目

↓

左 借方	貸方 右
費用 ➕ 費用が発生したら左側に記入	**費用** ➖ 費用が取り消されたら右側に記入

費用グループは、増えたら借方、減ったら貸方ですよ

取引　電気代2万円が
普通預金口座から引き落とされた

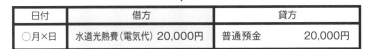

	取引を「原因」と「結果」に分ける	電気代が発生した	普通預金が減った
		電気代が2万円かかった	普通預金が2万円減った

それぞれに名前（勘定科目）をつける

電気代（水道光熱費）は費用グループ　　普通預金は資産グループ

勘定科目を左右に分けて記入し、金額を書き入れる

費用が発生（増加）　　　　　資産が減少
費用が発生したら借方（左側）に　　資産が減少したら貸方（右側）に

日付	借方	貸方
○月×日	水道光熱費（電気代） 20,000円	普通預金　　　20,000円

仕訳をする際、「水道光熱費（電気代）」と記入すれば、あとから何にかかったのかが確認しやすいですね

水道代やガス代も「水道光熱費」だからね

借方に「水道光熱費2万円」、貸方に「普通預金2万円」と記入

　普通預金口座から電気代が2万円引き落とされたので、水道光熱費が2万円発生し、普通預金口座のお金が2万円減ったことになります。

　そこで、借方に「水道光熱費20,000円」、貸方に「普通預金20,000円」と記入して、仕訳をします。

　あとで帳簿を見返したときに、水道光熱費のうちどの費目なのかがわかったほうがいい場合には、「水道光熱費（電気代）」と記入しておくといいかもしれませんね。

費用グループ ④ 「広告宣伝費」の仕訳

[取引] 宣伝のためのチラシを
作成して、代金を現金で支払った

資産	負債
↓ ↑	純資産
費用	収益

宣伝のためのチラシを作って、現金で3万円を支払った

　会社やお店をたくさんの人に知ってもらう目的や、セールなどを告知する目的でチラシを作成して配ったり、テレビやインターネットなどに広告を出すなど、宣伝のために出費した場合には「広告宣伝費」という勘定科目を使います。

　広告宣伝費は、費用グループの勘定科目なので、発生（増加）したら借方、減少（取消）したら貸方に記入して処理します。

宣伝のためにチラシを作って、現金で3万円を支払ったときの考え方

チラシを作って
店を宣伝しよう

チラシ

3万円

原因 チラシを作成した（広告宣伝費が発生した）

↓

結果 現金が減った

↓

広告宣伝費は「費用グループ」の勘定科目

↓

借方	貸方
費用 ➕ 費用が発生したら左側に記入	費用 ➖ 費用が取り消されたら右側に記入

費用グループの勘定科目は
増えたら借方（左側）ですよ！

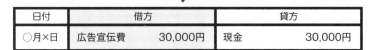

日付	借方		貸方	
○月×日	広告宣伝費	30,000円	現金	30,000円

費用が発生したら借方（左側）に記入するんでしたね。
現金は資産グループなので、減ったら貸方（右側）です

借方	貸方
資産	資産 ●
資産が増えたら左側に記入	資産が減ったら右側に記入

借方に「広告宣伝費3万円」、貸方に「現金3万円」と記入

　この取引では、チラシを作ったことで広告宣伝費3万円が発生し、その代金を現金で支払ったので現金が3万円減っています。

　広告宣伝費は費用グループ、現金は資産グループでしたね。なので、借方に「広告宣伝費30,000円」、貸方に「現金30,000円」と記入すれば、仕訳は完了です。

　これもまた、費用が発生して（増えて）、資産が減るという、費用グループによくある組み合わせでしたね。「もう、バッチリ覚えた」人も多いのではないでしょうか。

費用グループ ⑤ 「福利厚生費」の仕訳

［取引］従業員の忘年会の飲食代を現金で支払った

資産	負債
↓	純資産
↑	
費用	収益

従業員ほぼ全員が参加する忘年会の飲食代5万円を現金で支払った

　従業員の生活や健康のサポート、娯楽や旅行などに支払う費用は「福利厚生費」という勘定科目になります。福利厚生費は、従業員のほぼ全員が参加する慰安旅行や忘年会、歓送迎会のほか、従業員やその家族の結婚祝いや香典などが該当します。福利厚生費も費用グループの勘定科目なので、増えたら借方、減ったら貸方に記入しましょう。

▼ **従業員ほぼ全員が参加する忘年会の飲食代**
5万円を現金で支払ったときの考え方

今日は、たくさん食べて飲んでね！

5万円

やったー！

原因 忘年会の飲食代を支払った（福利厚生費が発生した）

↓

結果 現金が減った

↓

福利厚生費は「費用グループ」の勘定科目

↓

借方	貸方
費用 ➕ 費用が発生したら左側に記入	費用 ➖ 費用が取り消されたら右側に記入

会社が従業員のために提供する
給料以外のサービスの費用が福利厚生費です

福利厚生費の仕訳

取引 従業員ほぼ全員が参加する忘年会の飲食代5万円を現金で支払った

① 取引を「原因」と「結果」に分ける

忘年会の飲食代を支払った（福利厚生費が発生した）
福利厚生費に5万円かかった

現金が減った
現金が5万円減った

② それぞれに名前（勘定科目）をつける

福利厚生費は費用グループ

現金は資産グループ

③ 勘定科目を左右に分けて記入し、金額を書き入れる

費用が発生（増加）
費用が発生したら借方（左側）に

資産が減少
資産が減少したら貸方（右側）に

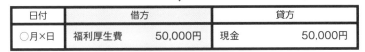

日付	借方		貸方	
○月×日	福利厚生費	50,000円	現金	50,000円

従業員ほぼ全員が参加する慰安旅行や歓送迎会、従業員やその家族の慶弔見舞金なども福利厚生費に該当します

借方に「福利厚生費5万円」、貸方に「現金5万円」と記入

　このケースでは、従業員ほぼ全員が参加する忘年会の飲食代に5万円かかり、それを現金で支払っています。つまり、福利厚生費が5万円発生して、その結果として現金が5万円減っています。

　福利厚生費は費用グループ、現金は資産グループでしたね。そこで、借方に「福利厚生費50,000円」、貸方に「現金50,000円」と記入して仕訳は完成です。

　ちなみに、一部の役員や従業員だけを接待する支出は、福利厚生費として認められない場合もあるので気をつけてくださいね。

[取引]
従業員に給料を支払った

資産	負債
↓	純資産
↑	
費用	収益

従業員に給料25万円のうち、20万7429円を現金で支払った

　従業員に給料を支払うのも簿記での取引です。給料は「給料手当」、そして源泉徴収税や社会保険料を天引きする場合には、96〜97ページで解説したように「預り金」になります。給料手当は費用グループの勘定科目ですが預り金は負債グループ、そして現金は資産グループの勘定科目です。もうどれが貸方で、どれが借方かわかりますよね？

▼ 入社1年目の従業員の給料25万円が発生して、
　うち20万7429円を現金で支払ったときの考え方

お給料
振り込み
ました

20万7429円

預り金 4万2571円

ありがとう
ございます

原因 給料（給料手当）を支払った

↓

結果 現金が減った
預り金（社会保険料、源泉徴収税）が増えた

↓

給料手当は「費用グループ」の勘定科目

↓

借方	貸方
費用 ➕ 費用が発生したら左側に記入	費用 ➖ 費用が取り消されたら右側に記入

負債グループは、増えたら貸方でしたよね。
覚えてましたか？

取引 | 入社1年目の従業員の給料25万円が発生して、うち20万7429円を現金で支払った

① 取引を「原因」と「結果」に分ける

給料手当を支払った

給料25万円が発生した

現金が減った
預り金が増えた

従業員の手取り給与20万7429円分の現金が減り、預り金（社会保険料、源泉徴収税）4万2571円が増えた

② それぞれに名前（勘定科目）をつける

給料手当は費用グループ

現金は資産グループ
預り金は負債グループ

③ 勘定科目を左右に分けて記入し、金額を書き入れる

費用が発生（増加）

費用が発生したら借方（左側）に

資産が減少
負債が増加

資産が減少したら貸方（右側）に、負債が増加したら貸方（右側）に

日付	借方		貸方	
○月×日	給料手当	250,000円	現金	207,429円
			預り金（社会保険料）	37,371円
			預り金（源泉徴収税）	5,200円

社会保険料や源泉徴収税など、いったん預かってあとで支払うお金は「預り金」でしたね。負債が増えたときは、貸方（右側）に記入することも覚えていますか？

左 借方	右 貸方
負債 ➖	負債 ➕
負債が減ったら左側に記入	負債が増えたら右側に記入

借方に「給料手当」、貸方に「現金」と「預り金」を記入

　この取引では、給料手当が25万円増えて、源泉徴収税や社会保険料などの預り金が4万2571円発生し、現金が20万7429円減ったことになります。費用が増えたら借方、資産が減ったら貸方、負債が増えたら貸方に記入するので、借方に「給料手当」、貸方に「現金」と「預り金」を記入して仕訳をします。

→ 費用グループ **7** 「地代家賃」の仕訳

[取引]
店舗の家賃を現金で支払った

資産	負債
↓	純資産
↑	
費用	収益

店舗の家賃20万円を現金で支払った

　事務所や工場、店舗などの賃借料や、駐車場や借地の使用料を支払う取引の場合は、「地代家賃」という勘定科目で処理します。

　地代家賃は、費用グループの勘定科目です。発生した（支払った）ときは借方、減ったら貸方に記入します。なお、店舗などの家賃は「支払家賃」という勘定科目にするケースもあります。

▽ **店舗の家賃20万円を現金で支払ったときの考え方**

今日は月末か！
家賃を払うの、
忘れるところだった

家賃 20万円

原因 家賃（地代家賃）を支払った
↓
結果 現金が減った
↓
地代家賃は「費用グループ」の勘定科目
↓

左 借方	右 貸方
費用 ➕ 費用が発生したら左側に記入	**費用** ➖ 費用が取り消されたら右側に記入

店舗の家賃のほか、駐車場を借りている場合は、
それも地代家賃に入ります

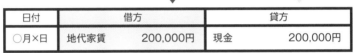

地代家賃の仕訳　　**取引** 店舗の家賃20万円を現金で支払った

① 取引を「原因」と「結果」に分ける

地代家賃を支払った
家賃20万円が発生した

現金が減った
現金20万円が減った

② それぞれに名前（勘定科目）をつける

地代家賃は費用グループ

現金は資産グループ

③ 勘定科目を左右に分けて記入し、金額を書き入れる

費用が発生（増加）
費用が発生したら借方（左側）に

資産が減少
資産が減少したら貸方（右側）に

日付	借方		貸方	
○月×日	地代家賃	200,000円	現金	200,000円

家賃の支払いを忘れるとマズイから来月からは銀行預金口座からの自動引落にしよう

普通預金口座から支払う場合の勘定科目は「普通預金」です。資産グループなので減ったら貸方（右側）に記入してくださいね

借方に「地代家賃20万円」、貸方に「現金20万円」と記入

　この取引では、店舗の家賃20万円を現金で支払っています。つまり、地代家賃が20万円発生し、その結果として現金が20万円減っています。

　地代家賃は費用グループの勘定科目なので、発生した（増えた）ら借方に記入するのでしたよね。一方、現金は資産グループの勘定科目なので減ったら貸方に記入します。

　そのため、この取引では、借方に「地代家賃200,000円」、貸方に「現金200,000円」と記入して処理します。

［取引］商品を売って
代金を現金で受け取った

資産	負債
費用	純資産
	収益

洋服を販売して、代金20万円を現金で受け取った

　本業の商品やサービスを提供して代金を受け取ったときには「売上」という勘定科目を使います。

　売上は、収益グループの代表的な勘定科目で、発生した（増えた）ときには貸方（右側）、取り消された（減った）ときには借方（左側）に記入します。

　この取引では、2万円の洋服を10着販売して、売上が20万円発生しているので、貸方に「売上200,000円」と記入します。

▽ 1着2万円の服を10着販売して現金で受け取った

> あのアイドルが
> 着ていた服だ！
> ください！

20万円

原因 洋服を売った（売上が発生した）

↓

結果 現金が増えた

↓

売上は「収益グループ」の勘定科目

↓

左 借方	貸方 右
収益 ➖ 収益が取り消された（減少した）ら左側に記入	収益 ➕ 収益が発生（増加）したら右側に記入

122

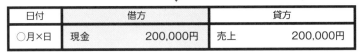

取引 1着2万円の服を10着販売した

① 取引を「原因」と「結果」に分ける

現金が増えた
現金が20万円増えた

洋服を売った（売上が発生した）
売上が20万円発生した

② それぞれに名前（勘定科目）をつける

現金は資産グループ

売上は収益グループ

③ 勘定科目を左右に分けて記入し、金額を書き入れる

資産が増加
資産が増加したら借方（左側）に

収益が発生
収益が発生したら貸方（右側）に

日付	借方		貸方	
○月×日	現金	200,000円	売上	200,000円

現金は資産グループなので、増えたら借方（左側）に記入するんですよ

借方	貸方
資産 ➕	資産 ➖
資産が増えたら左側に記入	資産が減ったら右側に記入

貸方に「売上20万円」、借方に「現金20万円」と記入

　このケースでは、洋服を売って、その代金20万円を現金で受け取っています。現金は資産グループの勘定科目なので、増えたら借方に記入するのでしたよね。なので、借方に「現金200,000円」、貸方に「売上200,000円」と記入します。

　なお、近頃では、キャッシュレス決済が普及し、クレジットカードなどで代金を支払うことも増えています。その場合には、借方に「クレジット売掛金」と記入します。クレジット売掛金も資産グループなので、増えたら借方、減ったら貸方に記入すると覚えておきましょう。

収益グループ ② 「受取利息」の仕訳

［取引］保有している社債の利息を現金で受け取った

会社が保有している社債の利息1万円を現金で受け取った

　銀行に預金をしたり、国債や社債などの有価証券を保有していると利息を受け取ることができます。利息を受け取った場合には「受取利息」という勘定科目で処理します。

　受取利息には、預貯金の利息や有価証券の利息のほかに、お金を貸し付けた場合に受け取る貸付金の利息なども含まれます。

　なお、預貯金や有価証券は資産グループの勘定科目ですが、受取利息は収益グループの勘定科目になります。

▼　会社が保有している社債の利息1万円を現金で受け取った

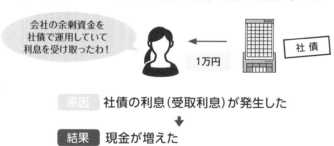

　会社の余剰資金を社債で運用していて利息を受け取ったわ！

1万円

社債

原因　社債の利息（受取利息）が発生した

↓

結果　現金が増えた

↓

受取利息は「収益グループ」の勘定科目

↓

借方	貸方
収益 ➖ 収益が取り消された（減少した）ら左側に記入	収益 ➕ 収益が発生（増加）したら右側に記入

取引 会社が保有している社債の利息
1万円を現金で受け取った

受取利息の仕訳

① 取引を「原因」と
「結果」に分ける

現金が増えた

現金が
1万円増えた

社債の利息が発生した
（受取利息が発生した）

受取利息が
1万円発生した

② それぞれに名前
（勘定科目）を
つける

現金は資産グループ

受取利息は
収益グループ

③ 勘定科目を
左右に分けて記入し、
金額を書き入れる

資産が増加

資産が増加したら借方（左側）に

収益が発生

収益が発生したら貸方（右側）に

日付	借方		貸方	
○月×日	現金	10,000円	受取利息	10,000円

受取利息には、銀行預金の利息や債券（国債、地方債、社債）
の利息などがあります。債券の利息は
「有価証券利息」と記載されることもあります

借方に「現金1万円」、貸方に「受取利息1万円」と記入

　この取引では、受取利息1万円を現金で受け取ったことで、受取利
息1万円が発生し、現金が1万円増えています。

　収益グループは、発生（増加）すると貸方（右側）に記入するので
したね。また、資産グループは発生（増加）すると借方（左側）に記
入します。

　そこで、借方に「現金10,000円」、貸方に「受取利息10,000円」
と記入すれば、この取引の仕訳は完了です。

収益グループ ③ 「売上が取り消された（返品）」ときの仕訳

[取引]
掛で売った商品が返品された

資産 ↓	負債
	純資産
費用	収益 ↓

掛で売った商品1万円が取り消された（返品された）

　この章の最後に、仕訳の応用編に挑戦してみましょう。商品が返品されたときの仕訳です。しかも、この商品は掛で売っています。

　そんなときも、3段階ステップで考えれば簡単です。

　「売上」は収益グループの勘定科目なので、発生（増加）したら貸方に記入しますが、返品（取消）されたら借方に記入します。売上が減ったから借方に書くとも言えるでしょう。この取引の場合には、借方に「売上10,000円」と記入します。

▽ 掛で売った商品1万円が返品されたときの考え方

申し訳ありません
（これは、確か、掛で
売った洋服だったわね）

1万円

この洋服、
穴があいてました
ので返品します

原因　**売上が取り消された（売上が減った）**
↓
結果　**売掛金が減った**
↓

売上は「収益グループ」の勘定科目
↓

左　借方	貸方　右
収益 ➖	収益 ➕
収益が取り消された（減少した）ら左側に記入	収益が発生（増加）したら右側に記入

取引 掛で売り上げた商品1万円が返品された

取引を「原因」と「結果」に分ける

売上が取り消された（減った）
売上1万円が取り消された

売掛金が減った
売掛金が1万円減った

それぞれに名前（勘定科目）をつける

売上は収益グループ

売掛金は資産グループ

勘定科目を左右に分けて記入し、金額を書き入れる

収益が取り消された（減少）
収益が減少したら借方（左側）に

資産が減少
資産が減少したら貸方（右側）に

日付	借方	貸方
○月×日	売上　　　10,000円	売掛金　　　10,000円

「取り消された」や「減少した」ケースの仕訳は、迷いますよね。そんなときこそ、貸借対照表と損益計算書を思い出してください。理解しやすくなりますよ

借方に「売上1万円」、貸方に「売掛金1万円」と記入

　この取引では、掛で売った商品が返品されています。つまり、売掛金が減少しています。売掛金は資産グループの勘定科目なので、増えたら借方に記入しますが、減ったら貸方に記入します。そのため仕訳は、借方に「売上10,000円」、貸方に「売掛金10,000円」と記入します。これを見て、「借方に収益、貸方に資産があるってことは返品だな」と気づけたなら、仕訳に慣れた証拠ですよ！

債権と債務を表す
勘定科目はペアで覚える

　実は、債権（資産グループ）と債務（負債グループ）を表す勘定科目は、ペアになっています。というのは、お金の貸し借りをすると、貸した側には債権が発生し、借りた側には債務が発生するからです。

　例えば、掛で商品を売ると、売った側には売掛金という債権（資産）が発生します。一方、買った側は、掛で買っているので買掛金という債務（負債）が発生します。なので、売掛金（資産）と買掛金（負債）はペアで覚えると、仕訳で迷うことがなくなります。

　ペアで覚えておきたい勘定科目には、このほかにも下のようなものがあります。

ペアで覚える理由	
お金を貸す	**お金を借りる**
↓	↓
貸したお金を 返してもらえる	借りたお金を 返さなければいけない
↓	↓
債権	**債務**
↓	↓
資産	**負債**

資産と負債を
ペアで覚えましょう

ペアで覚える勘定科目の例		
資産グループ		負債グループ
売掛金	—	買掛金
未収金	—	未払金
貸付金	—	借入金
受取手形	—	支払手形
前払金	—	前受金
立替金	—	預り金
仮払金	—	仮受金

簿記のゴールは
決算

仕訳のルールをマスターしたら、いよいよ決算です。
決算の手順を学んで、
貸借対照表と損益計算書を作れるようになりましょう。
これができれば、簿記のベースはマスターできたといえますよ。

私にも
決算書が作れるのね！

決算書を作れるようになれば、
決算書をより深く
分析できるようになりますよ

「帳簿」には
「主要簿」と「補助簿」の2種類がある

▼ 帳簿の種類

主要簿
●仕訳帳 　　または伝票
●総勘定元帳

会社が必ず
作らなければ
ならない帳簿

補助簿	
●現金出納帳	●預金出納帳
●仕入帳	その他
●売上帳	●受取手形記入帳
●売掛金元帳	●支払手形記入帳
●買掛金元帳	●小口現金出納帳
●商品有高帳	

必要ならば
作る帳簿

主要簿はどんな会社でも必ず作ります。
補助簿は必要ならば作るものです

主要簿は必ず作成しなければならない帳簿

　仕訳は、「帳簿」をつけるうえで不可欠な作業です。では、帳簿とは何でしょうか。帳簿は、取引を記録するための書類です。

　簿記で使われる帳簿には、必ず作成しなくてはならない「主要簿」と、必要に応じて作成する「補助簿」があります。主要簿には、取引を仕訳して記入する「仕訳帳」と、勘定科目ごとの残高を記録する「総勘定元帳」があります。補助簿については上表を見てくださいね。

▼ 仕訳帳の記入例

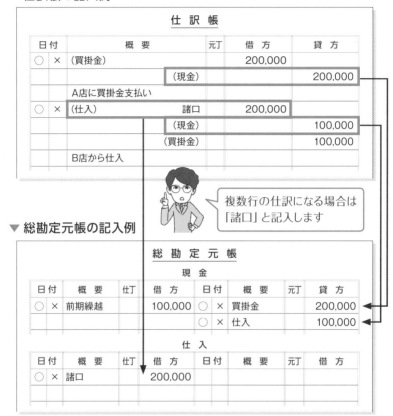

仕 訳 帳

日付		概　　要	元丁	借　方	貸　方
○	×	（買掛金）		200,000	
		（現金）			200,000
		A店に買掛金支払い			
○	×	（仕入）	諸口	200,000	
		（現金）			100,000
		（買掛金）			100,000
		B店から仕入			

複数行の仕訳になる場合は「諸口」と記入します

▼ 総勘定元帳の記入例

総 勘 定 元 帳

現　金

日付		概　要	仕丁	借　方	日付		概　要	元丁	貸　方
○	×	前期繰越		100,000	○	×	買掛金		200,000
					○	×	仕入		100,000

仕　入

日付		概　要	仕丁	借　方	日付		概　要	元丁	借　方
○	×	諸口		200,000					

仕訳帳に仕訳を記入し、総勘定元帳に転記する

　上の図は、主要簿である仕訳帳と総勘定元帳の一般的な例です。

　仕訳帳には、取引があった日付を記入し、取引ごとに借方の勘定科目、貸方の勘定科目、取引内容の順番に記入していきます。取引があったら毎日仕訳をし、日付順に仕訳帳に記入しましょう。

　そして、月末には勘定科目ごとに、①借方の合計金額、②貸方の合計金額、①と②の差額を計算し、総勘定元帳に記入します。

2 帳簿作成の流れは?

「仕訳」→「仕訳帳」→「総勘定元帳」→「試算表」の順番で行う

▼ 記帳の流れ

```
取引が発生
  ↓
仕訳をして、仕訳帳や仕訳伝票に記入
  ↓
総勘定元帳に転記する
```

経理担当者は、
毎日、毎月この作業を行います

サボるとあとで大変な
ことになりますよ

毎日コツコツと、ですね
(夏休みの宿題みたいだな)

毎日の作業と毎月の作業、決算の時期の作業がある

　取引が行われたら、仕訳をして仕訳帳に記入します。お店や会社によっては仕訳伝票に記入する場合もあるようです。また、「売上帳」という売上の取引を詳細に記録する補助簿に記帳するケースもあります。この作業は、取引が発生したら必ず行うものです。

　月末には、その月にいくらお金が入り(借方)、いくら出ていき(貸方)、残高がいくらあるのかを集計し、総勘定元帳に記入します。この作業のことを総勘定元帳への「転記」と呼んでいます。

ゴールは決算書を作成すること

この本の冒頭でも説明しましたが、簿記のゴールは決算書を作成することです。決算は1年を1つの区切りとし、経営活動の1年間の区切りを「会計年度」とか「事業年度」と呼んでいます。

ちなみに、会計年度の最初の日を「期首」、最後の日を「期末」（「決算日」ともいう）、期首から期末までを「期中」といいます。そして、決算を行う手順（流れ）は下の図のようになります。

▼ 決算を行う手順

毎日	毎月	決算
・仕訳をする	・総勘定元帳に転記する ・試算表を作成する	・精算表を作成する ・決算整理を行う （試算表を修正する） ・決算書（貸借対照表、損益計算書）を作成する

会計年度

1会計年度

期首 ← 期中 → 期末

4月1日　　　　　3月31日

| 前期 | 当期 | 次期 |

※4月1日から3月31日を経営活動の区切りとしている会社の場合

3 「試算表」って何？

仕訳や「転記」が合っているか
チェックするもの

▼ 試算表には3つの種類がある

合計試算表	残高試算表	合計残高試算表
総勘定元帳の各勘定科目について借方の合計額と貸方の合計額を集計した表	総勘定元帳の各勘定科目について残高を集計した表	合計試算表と残高試算表をひとつにまとめた表

試算表は、言ってみれば
おおざっぱな成績表のようなものです

試算表で財産や儲けを確認する

　多くの会社では、決算は年に1回行います。でも、それでは期中の儲けや財産の状態がわからず、経営状態の良しあしを把握できません。

　そこで、月1回、「試算表」を作って、その段階での会社の経営状況を把握します（決算時しか作らない会社もあります）。試算表を作ることで、仕訳や転記が合っているかどうかを確認することもできます。

　試算表には、「合計試算表」「残高試算表」「合計残高試算表」という3つの種類があります。それぞれ、どんなものなのかについては、上の表で確認してくださいね。

しっかり
覚えなきゃ

借方の合計残高と貸方の合計残高は一致する

　ここで試算表のひとつである「残高試算表」を見ておきましょう。

　残高試算表は、真ん中に勘定科目があり、それぞれの勘定科目について残高を記入していきます。残高を借方に記入するのか、貸方に記入するのかは、その勘定科目が資産、負債、純資産、収益、費用のどのグループかで決まります。なお、残高試算表では仕訳や転記にミスがなければ、借方残高の合計と貸方残高の合計は必ず一致します。

▼ 残高試算表の例

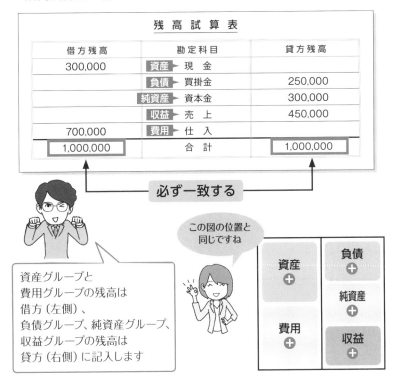

残 高 試 算 表

借方残高	勘定科目		貸方残高
300,000	資産	現　金	
	負債	買掛金	250,000
	純資産	資本金	300,000
	収益	売　上	450,000
700,000	費用	仕　入	
1,000,000	合　計		1,000,000

必ず一致する

資産グループと
費用グループの残高は
借方（左側）、
負債グループ、純資産グループ、
収益グループの残高は
貸方（右側）に記入します

この図の位置と
同じですね

資産 ＋	負債 ＋
	純資産 ＋
費用 ＋	収益 ＋

4 「試算表」ってどう作るの?

総勘定元帳の
勘定科目ごとに集計する

合計試算表と残高試算表を作成し、合計残高試算表を作る

では、試算表をどのように記入するのかを、合計残高試算表を例に
説明しましょう。

合計残高試算表は、総勘定元帳の各勘定科目の借方の合計額と貸方
の合計額を集計した合計試算表と、総勘定元帳の各勘定科目の残高を
集計した残高試算表をひとつにまとめたものです。

通常は、合計試算表と残高試算表を作成したあとで、それをもとに
合計残高試算表を作成するという手順になります。

合計残高試算表では勘定科目の借方と貸方の合計額を集計する

合計残高試算表を作成するときには、右ページの図のように、各勘
定科目ごとに総勘定元帳の借方の合計額と、貸方の合計額を転記した
うえで、借方合計と貸方合計の差額を計算して残高の欄に記入します。
ちなみに、借方の合計金額のほうが大きい場合には、残高が借方(左側)
にあるので「借方残高」といいます。一方、貸方の合計額のほうが大
きい場合は、残高が貸方(右側)にあるので「貸方残高」といいます。

貸方よりも借方が多いので、「借方残高」といいます

▼ 合計残高試算表への記入の仕方

総 勘 定 元 帳
現 金

日付		概要	仕丁	借方	日付		概要	仕丁	貸方
○	×	売上	1	100,000	○	×	旅費交通費	1	3,000
		売上	1	200,000	○	×	消耗品費	1	2,500
		売掛金	1	100,000			水道光熱費	1	10,000

借方合計
1,000,000円　←→　貸方合計
900,000円

差額
100,000円

合 計 残 高 試 算 表

借方		元丁	勘定科目	貸方	
残 高	合 計			残 高	合 計
100,000	1,000,000	1	現金	900000	

試算表は勘定科目ごとに
合計金額や残高をまとめたものです。
これを見ると「儲かっているのか」
「お金はいくら残っているのか」が
一目で把握できます

へえ、
便利ですね

試算表の作成は、
毎月の経理処理が終わったとき、または、
決算整理仕訳を追加して1年間の金額が決まったとき
などに行います

5 「決算整理」って何？

「決算整理」は1年間の業績を正確に計算して厳密な数字を出す作業

1年間の営業活動の結果を修正する

　毎月作成する試算表では、そのときどきの会社の儲けや財産を大雑把に把握することができます。

　ですが、決算ではその1年間の業績を正確に知る必要があります。そこで、1年間の営業活動を終えたら、期中の取引をすべてまとめた試算表をもとに、1年間の業績を正確に知るための「決算整理」という作業を行います。

▼ 決算の前に決算整理をする

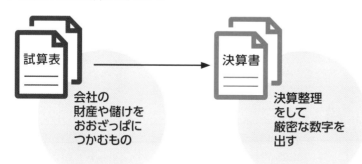

試算表
会社の
財産や儲けを
おおざっぱに
つかむもの

決算書
決算整理
をして
厳密な数字を
出す

決算整理は
決算を正しく行うために必要な作業です

決算手続きで決算書を正確に作成する

　1年間の会計期間が終わったら、約2カ月ほどで決算書を作成しなくてはなりません。この作業を「決算手続き」と呼んでいます。

　決算手続きの流れは下の図のとおりです。まず、会計期間中の取引がすべて反映された決算整理前試算表を作成します。これは決算書を作るベースになるものです。次に、売上原価や未使用品の処理、減価償却、現金残高と帳簿残高の調整などの決算整理を行ったうえで精算書を作成し、簿記のゴールである決算書を作成します。

▼ 決算手続きの流れ

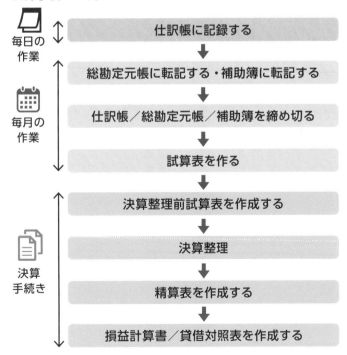

毎日の作業	仕訳帳に記録する
毎月の作業	総勘定元帳に転記する・補助簿に転記する
	仕訳帳／総勘定元帳／補助簿を締め切る
	試算表を作る
決算手続き	決算整理前試算表を作成する
	決算整理
	精算表を作成する
	損益計算書／貸借対照表を作成する

「訂正仕訳」で間違った仕訳を訂正する

仕訳を間違えたら訂正仕訳で正しい仕訳にする

　日々の取引の仕訳をし、仕訳帳に記入するときに、金額を間違えたり、違う勘定科目を書くなど、間違った仕訳をすることもあるでしょう。そのような場合には、「訂正仕訳」が必要になります。

　訂正仕訳も、仕訳と同じように3段階ステップで考えるとわかりやすくなります。例えば、商品を2200円仕入れ、掛買いしたという取引を、間違って2000円と記入していたとしましょう。

▼ 決算の前に決算整理をする

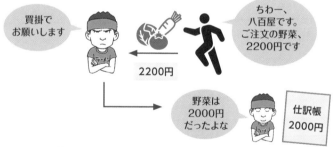

間違って記入した仕訳

日付	借方		貸方	
○月×日	仕入	2,000円	買掛金	2,000円

正しい仕訳

日付	借方		貸方	
○月×日	仕入	2,200円	買掛金	2,200円

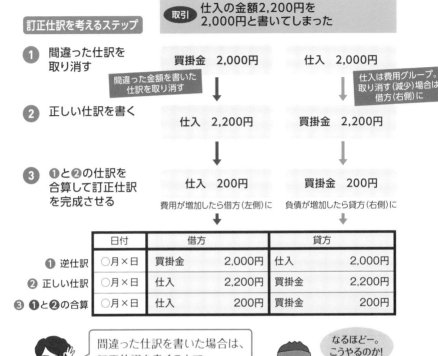

日付	借方		貸方	
① 逆仕訳	○月×日	買掛金　2,000円	仕入　2,000円	
② 正しい仕訳	○月×日	仕入　2,200円	買掛金　2,200円	
③ ①と②の合算	○月×日	仕入　200円	買掛金　200円	

間違った仕訳を書いた場合は、訂正仕訳を書くことで、正しい仕訳と同じ結果になるように調整しましょう

なるほどー。こうやるのか！

逆仕訳をし、正しい仕訳を書き、逆仕訳と正しい仕訳を合算する

　間違った仕訳を取り消すために「逆仕訳」をします。借方と貸方を入れ替えた仕訳をするのです。次に、正しい仕訳を書きます。借方は「仕入2,200円」、貸方は「買掛金2,200円」ですね。3段階目は、1段階目と2段階目の合算です。2,200円と書くところを2,000円と書いたので、仕入の金額も買掛金も200円の差額があります。これを書き入れたら、訂正仕訳は完了です。

期末に売れ残っている「棚卸資産」は「繰越商品」にする

資産 ↑	負債
費用 ↓	純資産
	収益

売れ残った商品は、次期に売れる商品になる

「これは売れる」と思った商品も売れ残ることがあります。期末に在庫、つまり売れ残った商品（「棚卸資産」）がある場合には、仕入金額をすべて費用にすることはできません。それでは利益を正しく計算できないからです。決算仕訳では、その調整も行います。

実際に売れた商品の仕入金額を「売上原価」、売れ残った分を「期末商品棚卸高」といいますが、このうちの売上原価だけを費用とし、期末商品棚卸高は「繰越商品」という資産グループの勘定項目に移し替えます。

▼ 期末に2万円分の在庫 (売れ残り) があるときの考え方

 売れ残ったわ…

 2万円

原因 商品の在庫がある
→在庫の仕入は費用ではなくなる

結果 次期に販売する商品がある

次期に販売する商品は「繰越商品」で「資産グループ」

左 借方	貸方 右
資産 ➕ 資産が増えたら左側に記入	資産 ➖ 資産が減ったら右側に記入

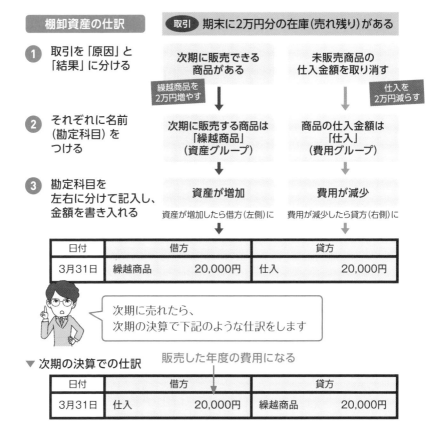

日付	借方		貸方	
3月31日	繰越商品	20,000円	仕入	20,000円

次期に売れたら、
次期の決算で下記のような仕訳をします

▼ 次期の決算での仕訳　　販売した年度の費用になる

日付	借方		貸方	
3月31日	仕入	20,000円	繰越商品	20,000円

借方に「繰越商品2万円」、貸方に「仕入2万円」と記入

　このケースでは、期末に2万円分の在庫、つまり期末商品棚卸高が2万円あります。言い換えると、次期に売れる商品が2万円あるというわけです。これを2万円の繰越商品という資産グループの勘定科目として計上する必要があります。一方、仕入という費用は2万円減ります。「資産の増加と費用の取消」という組み合わせです。なので、借方に「繰越商品20,000円」、貸方に「仕入20,000円」と記入します。

期末にある未使用の消耗品は「貯蔵品」として次期に繰り越す

↑ 資産	負債	
		純資産
費用 ↓	収益	

未使用の消耗品は貯蔵品として資産グループに

　文房具や包装材料などの消耗品をまとめ買いした場合、購入した時点では購入金額全部を費用（「消耗品費」）として計上します。

　ですが、期末時点で未使用のものは、当期の費用にはしないで、「貯蔵品」という当期の資産として計上します。下のケースでは、3万円分購入した消耗品のうち、期末の時点で1万円が未使用です。これを貯蔵品という資産グループの勘定科目として仕訳します。

▼ 未使用の消耗品を繰り越すときの考え方

事務用品　3万円分

未使用
1万円分

セールで
買いすぎ
ちゃったわ

原因　未使用の消耗品がある
　　　　→次期に使用できる消耗品（貯蔵品）がある

結果　未使用分は費用として計上しない
　　　　→消耗品費を取り消す

未使用の消耗品（貯蔵品）は「資産グループ」

左	借方	貸方	右
	資産 ➕ 資産が増えたら左側に記入	**資産** ➖ 資産が減ったら右側に記入	

未使用の消耗品の繰越

 未使用の消耗品1万円を繰り越す

① 取引を「原因」と「結果」に分ける

次期に使用できる消耗品がある	未使用の消耗品の購入金額を取り消す
貯蔵品を1万円増やす	消耗品費を1万円減らす

② それぞれに名前（勘定科目）をつける

次期に使用する消耗品は「貯蔵品」（資産グループ）	消耗品の購入費は「消耗品費」（費用グループ）

③ 勘定科目を左右に分けて記入し、金額を書き入れる

資産が増加	費用が減少
資産が増加したら借方（左側）に	費用が減少したら貸方（右側）に

日付	借方		貸方	
3月31日	貯蔵品	10,000円	消耗品費	10,000円

 次期に使用したら、
次期の決算で下記のような仕訳をします

▼ 次期の決算での仕訳　　使用した年度の費用になる

日付	借方		貸方	
3月31日	消耗品費	10,000円	貯蔵品	10,000円

借方に「貯蔵品1万円」、貸方に「消耗品費1万円」と記入

　この取引では、期末時点で次期に使える消耗品が1万円あります。そこで、貯蔵品という資産グループの勘定科目を計上する一方で、未使用の消耗品の購入金額を取り消す仕訳を行います。貯蔵品は資産グループ、消耗品費は費用グループでしたね。借方に「貯蔵品10,000円」、貸方に「消耗品費10,000円」と記入します。そして、次期になってから消耗品費に戻します（上記の「次期の決算での仕訳」を参照）。

資産の価値が下がった分を 「減価償却費」という費用にする

資産 ↑	負債
	純資産
費用 ↓	収益

建物や車両、パソコンなどの資産は1年ごとに価値が低下する

　建物や機械装置、車両運搬具、パソコン、事務机など1年以上使う資産は「固定資産」や「備品」という資産グループの勘定科目でしたね。覚えてますか？　これらの資産は、年月がたつと資産としての価値が低下します。それを購入時の価格のままの資産にしておくのは無理があるので、決算整理をするときに「減価償却費」という費用グループの勘定科目で、価値の減少分を帳簿に反映させます。

▼ 固定資産の減価償却の考え方

パソコンは減価償却するって聞いたけど、どういうこと？

減価償却できる資産とは
・業務で使用している資産
・時間がたつにつれて劣化する資産
・使用可能年数が1年以上で、取得価額が10万円以上

減価償却する有形固定資産の例	減価償却する無形固定資産の例
建物 建築物 機械装置（パソコン、プリンターなど） 器具備品（事務机、キャビネット、応接セットなど） 車両運搬具…など	ソフトウェア 特許権 商標権 意匠権…など

資産の価値が低下して、
なくなるまでの期間（償却期間）を耐用年数と呼びます。
耐用年数は資産ごとに決められていて、パソコンは4年です

減価償却費の仕訳

取引 パソコンの減価償却（10万円）を行った

① 取引を「原因」と「結果」に分ける

減価償却をした	パソコンの価値が減少
減価償却費が10万円増えた	備品が10万円減った

② それぞれに名前（勘定科目）をつける

減価償却したパソコンは減価償却費（費用グループ）	パソコンは備品（資産グループ）

③ 勘定科目を左右に分けて記入し、金額を書き入れる

費用が増加	資産が減少
費用が増加したら借方(左側)に	資産が減少したら貸方(右側)に

日付	借方	貸方
3月31日	減価償却費　　100,000円	備品　　100,000円

▼ 減価償却費の考え方

減価償却費には償却する額を均等にする「定額法」と、償却する額が一定の割合で減る「定率法」があります。機械装置や車両運搬具などは、法人の場合、定率法が法定の償却方法として決められています（個人事業主は定額法）

定額法の減価償却費

パソコン20万円、耐用年数4年
4年後の残存価値は0円（1円）

減価償却費 5万円

減価償却費 4万9999円
1円残す

取得価格20万円	1/4	1/4	1/4	1/4
	1年目	2年目	3年目	4年目

定率法の減価償却費

取得価額から償却した額を引いた
未償却残高に償却率を掛けて計算
パソコン20万円、耐用年数4年、償却率は0.5

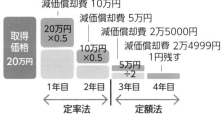

減価償却費 10万円
減価償却費 5万円
減価償却費 2万5000円
減価償却費 2万4999円
1円残す

取得価格20万円	20万円×0.5	10万円×0.5	5万円÷2	
	1年目	2年目	3年目	4年目
		定率法	定額法	

定率法では耐用年数が過ぎても残高が0にならないことがあるので、途中から定額法に切り替えます

回収できなくなりそうな債権を「貸倒引当金」として計上する

資産	負債
↓	純資産
↑	
費用	収益

回収できなさそうなお金は貸倒引当金繰入という費用にする

　掛（ツケ）で商品を売った「売掛金」や、取引先や子会社などにお金を貸した「貸付金」は、相手先が倒産した場合などは回収できなくなります。

　債権が回収できないことを「貸倒」（かしだおれ）といい、貸倒が予想される場合には前もって「貸倒引当金繰入」（かしだおれひきあてきんくりいれ）という費用グループの勘定科目として計上することが認められています。貸倒引当金繰入額を計上すると、「貸倒引当金」という資産グループの勘定科目が減少します。

▼ 回収できなくなりそうな貸付金をあらかじめ費用に計上するときの考え方

あの人の店、経営状態が悪いらしいわ。貸していた50万円は回収できないかもしれないわね

50万円

原因 貸倒引当金を設定した

↓

結果 貸倒引当金繰入が発生した

貸倒引当金は「資産グループ」

貸倒引当金繰入は「費用グループ」

↓

左 借方	貸方 **右**
費用 ➕ 費用が発生したら左側に記入	費用 ➖ 費用が取り消されたら右側に記入
資産 ➕ 資産が増えたら左側に記入	資産 ➖ 資産が減ったら右側に記入

| 貸倒引当金の設定 | 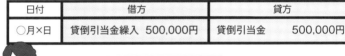 取引 回収できなくなりそうな貸付金50万円をあらかじめ費用に計上 |

① 取引を「原因」と「結果」に分ける

貸倒引当金繰入の発生　　　　　貸倒引当金を設定

貸倒引当金繰入50万円が発生　　　　　　　貸付金50万円が減った

② それぞれに名前（勘定科目）をつける

貸倒引当金繰入は費用グループ　　　　貸倒引当金は資産グループ

③ 勘定科目を左右に分けて記入し、金額を書き入れる

費用が発生　　　　　　　　　資産が減少

費用が発生したら借方(左側)に　　　費用が減少したら貸方(右側)に

日付	借方	貸方
○月×日	貸倒引当金繰入　500,000円	貸倒引当金　　　500,000円

貸倒が確定した場合には、下記のような仕訳を行います

▼ 次期の決算での仕訳

日付	借方	貸方
○月×日	貸倒引当金　　　500,000円	貸付金　　　　　500,000円

> 借方に「貸倒引当金繰入50万円」、貸方に「貸倒引当金50万円」と記入

　このケースでは、得意先に貸し付けた50万円が回収できない可能性があるので、この50万円を貸倒引当金繰入という費用として計上します。その一方で、貸倒引当金という資産が減少することになるのです。そこで、借方に「貸倒引当金繰入500,000円」、貸方に「貸倒引当金500,000円」と記入します。次期に貸倒が確定した場合には、「次期の決算での仕訳」に書いた仕訳を行いましょう。

費用と収益を集めて
損益計算書を作成

残高試算表の費用と収益を集める

　決算整理が終わったら、簿記のゴールである決算書を作成しましょう。決算書には、貸借対照表と損益計算書がありましたね。まずは、損益計算書から作ってみましょう。

　損益計算書は、決算整理仕訳をやったあとの整理後残高試算表か精算表をもとに作成します。

　整理後残高試算表の場合には、ここから費用グループと収益グループの勘定科目を集めて記入します。そのうえで、収益の合計から費用の合計を差し引いて、当期純利益を計算し、記入します。

勘定式の損益計算書は借方に費用、貸方に収益を記入

　決算書には「勘定式」と「報告式」という書式があります。ここでは、借方に費用、貸方に収益が書かれる勘定式を紹介しています。

　借方（左側）に費用グループの勘定科目と金額を記入し、貸方（右側）に収益グループの勘定科目と金額を記入しましょう。そして、借方の金額の合計額と貸方の金額の合計額を一番下の当期純利益の欄に記入します。勘定式では、借方と貸方の合計金額が必ず一致します。

▼ 損益計算書の作り方

整 理 後 残 高 試 算 表

借　方		貸　方	
現金	200,000	支払手形	100,000
受取手形	100,000	買掛金	50,000
繰越商品	50,000	資本金	200,000
建物	250,000	資本準備金	100,000
仕入	180,000	繰越利益剰余金	70,000
給料	110,000	売上	400,000
福利厚生費	30,000	受取利息	20,000
支払利息	20,000	**収益グループ**	
費用グループ	940,000		940,000

▼ 整理後残高試算表から「費用」「収益」を集める

損 益 計 算 書

借　方		貸　方	
仕入	180,000	売上	400,000
給料	110,000	受取利息	20,000
福利厚生費	30,000		
支払利息	20,000		
当期純利益	80,000		
	420,000		420,000

整理後残高試算表のうち
「費用グループ」と「収益グループ」に
属するものを集めて**損益計算書**に転記します。
収益の合計から費用の合計を引き算して
当期純利益を計算しましょう

おおっ、
損益計算書が
完成した！

資産、負債、純資産を集めて 貸借対照表を作成

残高試算表から資産、負債、純資産を集める

次に、決算時点での財産の一覧表である貸借対照表を作成しましょう。損益計算書と同様に、整理後残高試算表か精算表をベースに作成します。

整理後残高試算表から、資本、負債、純資産グループの勘定科目をすべてピックアップして、貸借対照表に記入していきます。そして、借方の金額の合計額と貸方の金額の合計額を計算し、借方（資産）の合計金額から貸方（負債＋純資産）の合計金額を差し引きます。この金額は、損益計算書の当期純利益と同じ金額になります。

［借方−貸方］＝当期純利益は繰越利益剰余金と合算される

ここまでできたら、簿記のゴールは目前です。

貸借対照表の借方の金額の合計から、貸方の金額の合計を差し引いた金額は当期純利益と同額になるといいました。貸借対照表では、この金額が純資産に計上されます。その際、整理後残高試算表の繰越利益剰余金に当期純利益を足した金額を利益剰余金として計上します。これで貸借対照表は完成。簿記のゴールに到達しました！

▼ 損益計算書の作り方

整 理 後 残 高 試 算 表

借　方		貸　方	
現金	200,000	支払手形	100,000
受取手形	100,000	買掛金	50,000
繰越商品	50,000	資本金	200,000
建物	250,000	資本準備金	100,000
仕入	180,000	繰越利益剰余金 (☆)	70,000
給料	110,000	売上	400,000
福利厚生費	30,000	受取利息	20,000
支払利息	20,000		
	940,000		940,000

負債グループ

資産グループ

純資産グループ

▼ 整理後残高試算表から「費用」「収益」を集める

貸 借 対 照 表

借　方		貸　方	
現金	200,000	支払手形	100,000
受取手形	100,000	買掛金	50,000
商品	50,000	資本金	200,000
建物	250,000	資本準備金	100,000
		利益剰余金	150,000
	600,000		600,000

貸借対照表では
「繰越商品」を「商品」
と記載します

繰越利益剰余金 (☆) 70,000円 ＋ 当期純利益80,000円 ＝ 利益剰余金150,000円

※151ページ参照

整理後残高試算表のうち
「資産」「負債」「純資産」グループに
属するものを集めて貸借対照表に転記します。
なお、繰越利益剰余金に損益計算書の
当期純利益を足したものが利益剰余金として
記入されます

おおっ、
損益計算書が
完成した！

本業の商品やサービスをツケで売ったら「売掛金」、本業以外の商品やサービスをツケで売ったら「未収金」

▼ 売掛金と未収金の違い

売掛金

会社の本業である商品やサービスなどをツケで売った

3セット 1万円

毎度ありがとうございます。月末ですね。わかりました

あの洋服、3セット買います。代金は月末に払います

洋服屋さん

売掛金は資産グループの勘定科目なので、発生したら借方（左）に記入します

売掛金の仕訳

日付	借方		貸方	
○月×日	売掛金	30,000円	売上	30,000円

売掛金は本業の商品やサービスをツケで売ったもの

　「売掛金」は、本来の業務で商品やサービスを提供した場合の売上で、まだ代金を受け取っていないもの、つまりツケで売ったものです。

　例えば、洋服屋さんが洋服を掛売りした場合の勘定科目は売掛金になります。売掛金は資産グループの勘定科目でしたね。増えた場合は借方に記入します。貸方には売上と書き入れ、金額を記入しましょう。

売掛金は、本業での掛（ツケ）売り
未収金は、本業以外での掛（ツケ）売りです

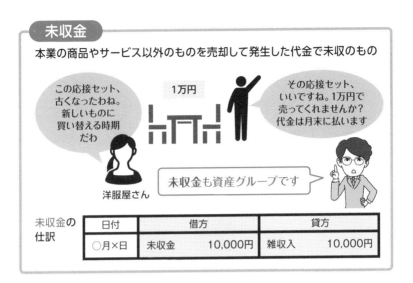

未収金は本業以外の商品やサービスをツケで売ったもの

　これに対し「未収金」は、本業以外の商品やサービスを提供し、その代金が未収のものです。例えば、応接セットは洋服屋さんが本業で扱う商品ではありませんね。でも、売ることでお金は入るはずですが、受け取っていない場合に未収金を使います。未収金は資産グループで、貸方には「雑収入」という収益グループの勘定科目を記入します。

一歩進んだアドバイス

売掛金を回収したときの仕訳	日付	借方		貸方	
	○月×日	現金	30,000円	売掛金	30,000円

未収金を回収したときの仕訳	日付	借方		貸方	
	○月×日	現金	10,000円	未収金	10,000円

未収金という資産が減ったから
貸方（右側）に記入するのか

「買掛金」は本業での仕入をツケで買ったもの、「未払金」は備品など本業以外の商品をツケで買ったもの

▼ 買掛金と未払金の違い

買掛金

会社の本業に関わる商品やサービスなどをツケで買った

> あのバッグ
> 10個ください。
> 代金は月末に
> 払います

10個 30万円

> 毎度ありがとう
> ございます。
> 月末ですね

> 買掛金は負債グループの勘定科目なので、発生したら貸方(右)に記入します

買掛金の仕訳	日付	借方		貸方	
	○月×日	仕入	300,000円	買掛金	300,000円

買掛金は本業の商品や原材料などをツケで仕入れたもの

「買掛金」は、本来の業務で商品や原材料を購入したものの、まだ代金を支払っていないもの、つまりツケで買ったものです。

洋服屋さんが洋服などの商品をツケで仕入れた場合の勘定科目は買掛金になります。買掛金は負債グループの勘定科目なので、増えた場合は貸方に記入し、借方には仕入と書き入れ、金額を記入しましょう。

> 買掛金は、本業での仕入の掛(ツケ)買い
> 未払金は、本業での仕入以外の掛(ツケ)買いです

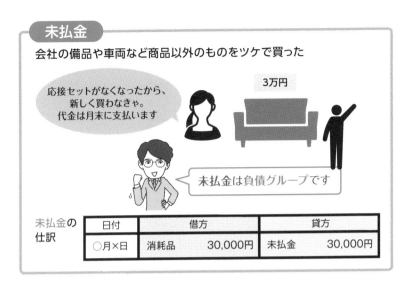

未払金の仕訳	日付	借方		貸方	
	○月×日	消耗品	30,000円	未払金	30,000円

未払金は本業以外の商品をツケで買ったもの

　これに対し「未払金」は、備品など本業以外の商品を購入し、その代金を払っていないものです。例えば、応接セットは洋服屋さんが本業で扱う商品ではありません。それを買ったものの、代金を後払いする、つまりツケで買った場合には未払金を使います。未払金は負債グループで、借方には「消耗品」という費用グループの勘定科目を記入します。

一歩進んだアドバイス

買掛金を現金で支払ったときの仕訳	日付	借方		貸方	
	○月×日	買掛金	300,000円	現金	300,000円

未払金を現金で支払ったときの仕訳	日付	借方		貸方	
	○月×日	未払金	30,000円	現金	30,000円

買掛金や未払金という負債が減ったので、借方（左側）に記入するんだね

仕訳のQ&A ③ 「未収収益」って何？

当期中に受け取っていない収益が「未収収益」

▼ まだ受け取っていない賃料収入→未収収益

に貸してる
店舗の賃料が
支払われないんだよ

この会社、
本業以外に大家さん業も
やってるのね

取引先企業の社長（空店舗を貸している）

未収収益

本業以外の取引と、まだ受け取っていない収益

不動産
賃貸用の帳簿

支払われない賃料 30万円

未収収益
の仕訳

日付	借方		貸方	
○月×日	未収収益	300,000円	受取家賃	300,000円

本業以外の取引で受け取る収益のうち、まだ受け取っていないもの

　ここまで「未」のつく勘定科目で、わかりにくいもの（混乱しやすいもの）を紹介しました。最後は「未収収益」です。その会社の本来の営業活動以外の取引で発生する利息や賃料収入などで、当期中には受け取らず、次期にまとめて受け取る場合、受け取っていない分は未収収益という資産グループの勘定科目で処理します。

未収収益は、実際には受け取っていないものの、
「受け取ることのできる権利」＝「資産」として仕訳をします

▼ 次期に未収だった賃料30万円が普通預金に振り込まれたときの仕訳

日付	借方	貸方
○月×日	普通預金　　300,000円	未収収益　　300,000円

未収収益は資産グループなので、
支払われたら（減ったら）貸方（右側）に記入します

「未収家賃」や「未収賃借料」とされるケースもあります

借方に「未収収益30万円」、貸方に「受取家賃30万円」と記入

　左のケースでは、洋服屋さんの仕入れ先企業の社長が、本業以外で貸している店舗の家賃30万円を受け取れずにいます。そこで借方に「未収収益300,000円」、貸方に「受取家賃300,000円」と記入して処理します。次期に振り込まれた際の処理は上のとおりです。なお、未収収益は将来受け取れる権利なので、資産グループになります。

一歩進んだアドバイス

決算整理仕訳 ― 収益・費用の整理仕訳
決算整理仕訳で当期の収益や費用をきちんと正しく計算すること

前受収益	前払費用	未払収益	未払費用
受け取っているものの次期の売上になるお金	支払っているものの、次期の費用になるお金	受け取っていないけれど、当期の売上になるお金	支払っていないけれど、当期の費用になるお金

これがないか、決算前に確認しましょう！

159

相手科目（相手勘定科目）とは？

　複式簿記では、1つの取引を「原因」と「結果」という2つの面から見て、原因と結果の両方を帳簿に記入するのがルールでしたね。取引を二面的に捉えることで、取引の内容をより詳しく把握することができるというわけです。

　そのため、複式簿記は記帳をする際、勘定科目が2つ、もしくは2つ以上必要になります。そして、一方の勘定科目から見て、反対側に配置した勘定科目、つまり相手になる勘定科目のことを「相手科目」（または「相手勘定科目」）と呼びます。

　借方（左側）の勘定科目から見た貸方（右側）の勘定科目、または貸方（右側）の勘定科目から見た借方（左側）の勘定科目が相手科目に該当します。

　例えば、下の場合、貸方の「売上」から見た相手科目は、借方の「現金」になります。

〈例〉商品を2万円分売り、代金を現金で受け取った場合の仕訳

借方	貸方
現金　20,000円	売上　20,000円

借方の勘定科目から見た
貸方の勘定科目が
「相方科目」です

この例だと、借方の「現金」の
相手科目はなんでしょう？

正解！

貸方の
「売上」
です

仕訳の練習問題と
簿記の用語集

簿記の流れを一通り理解したら、
あとは仕訳をたくさんやって、慣れていきましょう。
「仕訳を制する者は簿記を制する」です。
がんばってくださいね。

いろいろなケースの取引で
仕訳をすることが大切なんですね

そうです。そして、迷ったら
貸借対照表と損益計算書を
思い出してくださいね

取引仕訳を練習して仕訳に慣れよう！

仕訳は、習うより慣れることが大切

「仕訳を制する者は簿記を制する」といわれます。その仕訳は、習うよりも、実際に数多くの仕訳をやってみて慣れることが大切です。

この本でも練習問題を用意しました。ぜひ、チャレンジしてみてください。解答は166〜167ページに掲載しています。

Q1 ラーメンを1万円分売って、現金を1万円受け取った

借方		貸方	
(勘定科目)	(金額)	(勘定科目)	(金額)
	円		円

Q2 1着1万円の服を10着売り上げて、
代金は後日受け取る約束をした（掛取引をした）

借方		貸方	
(勘定科目)	(金額)	(勘定科目)	(金額)
	円		円

Q3 現金50万円を当座預金に預けた

借方		貸方	
(勘定科目)	(金額)	(勘定科目)	(金額)
	円		円

借方（左側）に書くのか、
貸方（右側）に書くのかで
迷ったときには、
貸借対照表と損益計算書を
思い出してくださいね

資産 ⊕	負債 ⊕
	純資産 ⊕
費用 ⊕	収益 ⊕

これを
思い出せば、
借方（左側）か
貸方（右側）かが
わかりますね

Q4　売掛金30万円の決済に、約束手形を受け取った

借方		貸方	
(勘定科目)	(金額)	(勘定科目)	(金額)
	円		円

Q5　現金100万円で、会社を設立した

借方		貸方	
(勘定科目)	(金額)	(勘定科目)	(金額)
	円		円

Q6　銀行から現金50万円を借り入れた

借方		貸方	
(勘定科目)	(金額)	(勘定科目)	(金額)
	円		円

Q7　株主が出資してくれた300万円を当座預金に振り込んでもらい、そのうち150万円を資本金に、残りの150万円を資本準備金にした

借方		貸方	
(勘定科目)	(金額)	(勘定科目)	(金額)
	円		円

Q8　新商品の洋服1万円を20着、掛で仕入れた

借方		貸方	
(勘定科目)	(金額)	(勘定科目)	(金額)
	円		円

Q9　買掛金20万円を、約束手形で支払った

借方		貸方	
(勘定科目)	(金額)	(勘定科目)	(金額)
	円		円

Q10 買い付けに行った際の
タクシー代を現金で3000円支払った

借方		貸方	
(勘定科目)	(金額)	(勘定科目)	(金額)
	円		円

Q11 電気代1万5000円を現金で支払った

借方		貸方	
(勘定科目)	(金額)	(勘定科目)	(金額)
	円		円

Q12 事務用のデスクセット5万円を、現金で購入した

借方		貸方	
(勘定科目)	(金額)	(勘定科目)	(金額)
	円		円

Q13 店舗の家賃15万円が普通預金口座から引き落とされた

借方		貸方	
(勘定科目)	(金額)	(勘定科目)	(金額)
	円		円

Q14 アルバイトの給料8万円を、現金で支払った

借方		貸方	
(勘定科目)	(金額)	(勘定科目)	(金額)
	円		円

Q15　売掛金20万円が、普通預金口座に振り込まれた

借方		貸方	
(勘定科目)	(金額)	(勘定科目)	(金額)
	円		円

Q16　買掛金10万円を、普通預金口座から振り込んだ

借方		貸方	
(勘定科目)	(金額)	(勘定科目)	(金額)
	円		円

Q17　決算にあたって、貸倒引当金を50万円計上した

借方		貸方	
(勘定科目)	(金額)	(勘定科目)	(金額)
	円		円

Q18　決算にあたって、
パソコンの減価償却費4万円を費用として処理した

借方		貸方	
(勘定科目)	(金額)	(勘定科目)	(金額)
	円		円

Q19　決算にあたって、
まだ受け取っていない当期分の利息5000円を計上した

借方		貸方	
(勘定科目)	(金額)	(勘定科目)	(金額)
	円		円

Q20　掛で仕入れた商品3万円分が壊れていたので、返品した

借方		貸方	
(勘定科目)	(金額)	(勘定科目)	(金額)
	円		円

あなたは何問解けましたか？

解答

A1

借方		貸方	
現金	10,000円	売上	10,000円

A2

借方		貸方	
売掛金	100,000円	売上	100,000円

A3

借方		貸方	
当座預金	500,000円	現金	500,000円

A4

借方		貸方	
受取手形	300,000円	売掛金	300,000円

A5

借方		貸方	
現金	1,000,000円	資本金	1,000,000円

A6

借方		貸方	
現金	500,000円	借入金	500,000円

A7

借方		貸方	
当座預金	3,000,000円	資本金	1,500,000円
		資本準備金	1,500,000円

A8

借方		貸方	
仕入	200,000円	買掛金	200,000円

A9

借方		貸方	
買掛金	200,000円	支払手形	200,000円

A10

借方		貸方	
旅費交通費	3,000円	現金	3,000円

A11

借方		貸方	
水道光熱費	15,000円	現金	15,000円

A12

借方		貸方	
備品	50,000円	現金	50,000円

A13

借方		貸方	
地代家賃	150,000円	普通預金	150,000円

A14

借方		貸方	
給料手当	80,000円	現金	80,000円

A15

借方		貸方	
普通預金	200,000円	売掛金	200,000円

A16

借方		貸方	
買掛金	100,000円	普通預金	100,000円

A17

借方		貸方	
貸倒引当金繰入	500,000円	貸倒引当金	500,000円

A18

借方		貸方	
減価償却費	40,000円	備品	40,000円

A19

借方		貸方	
未収収益	5,000円	受取利息	5,000円

A20

借方		貸方	
買掛金	30,000円	仕入	30,000円

一歩進んだアドバイス

「現金過不足」の仕訳

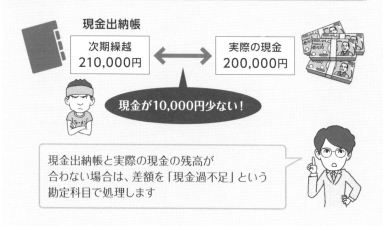

現金出納帳

| 次期繰越 210,000円 | ⟷ | 実際の現金 200,000円 |

現金が10,000円少ない！

現金出納帳と実際の現金の残高が
合わない場合は、差額を「現金過不足」という
勘定科目で処理します

現金出納帳 > 実際の現金	現金出納帳 < 実際の現金
借方（左側）に「現金過不足」	貸方（右側）に「現金過不足」

▼ 現金過不足の仕訳

現金出納帳：**210,000円**　実際の現金：**200,000円**の場合

日付	借方		貸方	
2月25日	現金過不足	10,000円	現金	10,000円

⬇

仕入に使う自動車のガソリン代**10,000円**を現金で支払ったことが判明した。
ガソリン代は車両費（費用グループ）

日付	借方		貸方	
3月31日	車両費	10,000円	現金過不足	10,000円

過不足の原因がわからないまま、決算を迎えて
しまった場合には、『雑損失』として処理し、
相殺して過不足の残高を0円にしましょう

▼ 現金過不足の仕訳

現金出納帳：**210,000円**　実際の現金：**200,000円**の場合

日付	借方		貸方	
2月25日	現金過不足	10,000円	現金	10,000円

とうとう原因が　　わからなかった場合

▼ 決算整理での仕訳

日付	借方		貸方	
3月31日	雑損失	10,000円	現金過不足	10,000円

現金出納帳より実際の残高のほうが多く、
原因がわからないまま決算を迎えた場合には、
『雑収入』として処理します

▼ 現金過不足の仕訳

現金出納帳：**200,000円**　実際の現金：**210,000円**の場合

日付	借方		貸方	
2月25日	現金	10,000円	現金過不足	10,000円

とうとう原因が　　わからなかった場合

▼ 決算整理での仕訳

相殺して現金過不足の残高が0円になった

日付	借方		貸方	
3月31日	現金過不足	10,000円	雑収入	10,000円

押さえておきたい 簿記の用語集

あ行

相手科目
あいてかもく

仕訳をする際、反対側（借方なら貸方）に配置した勘定科目

売上額
うりあげがく

仕入れた商品に、利益額などを含めた販売代金

売上原価
うりあげげんか

当期中に売り上げた商品の仕入にかかった金額で、［期首の商品棚卸高＋当期の仕入高－期末の商品棚卸高］で算出する

か行

掛
かけ

商品を引き渡す時点ではお金を払わず、あとで支払うこと

勘定式
かんじょうしき

2種類ある決算書のフォーマットのひとつ。勘定式の損益計算書は借方と貸方に分けて記載されている

逆仕訳
ぎゃくしわけ

取引を仕訳したあとで、返品や取消などをした場合に行う仕訳。当初の仕訳の勘定科目を左右逆にし、該当する金額を書く

決算整理
けっさんせいり

1年間の取引から業績を正確に計算するために、未処理の取引をきちんとまとめる作業

決算整理仕訳
けっさんせいりしわけ

正しい決算書を作るために、期末に追加で行う仕訳

減価償却
げんかしょうきゃく

固定資産や備品の価値の減少分を費用にすること

さ行

財務諸表
ざいむしょひょう

金融商品取引法で、貸借対照表や損益計算書を指す言葉

試算表
総勘定元帳の各勘定科目の金額を集計して作成する一覧表で、仕訳や転記が正しいかを確認するためのもの

総勘定元帳
仕訳帳の内容を勘定科目ごとにまとめた帳簿。各勘定科目にどのくらいの取引があったのかがわかる

損益計算書
会社やお店の1年間の儲けがいくらあるのかを示す表

た行

貸借対照表
会社やお店の財産や借金がいくらあるのかを示す表。決算時点の財産の一覧表

耐用年数
資産価値が減少して、なくなるまでの期間。固定資産ごとに法律で決められている

棚卸
帳簿の残高と実際の在庫を照合するために在庫を確認する作業。原価計算を行ううえで重要な作業

棚卸資産
決算日に売れ残っている商品など在庫のこと

帳簿
会社やお店で取引を記帳する帳面（ノート）のこと

定額法
減価償却費の計上方法のひとつで、毎年償却する額を耐用年数で均等に償却していく方法

訂正仕訳
間違った仕訳を正しく修正するための仕訳

定率法
減価償却費の計上方法のひとつで、毎年償却する額を一定の割合で減らしていく方法。未償却の残高に対して、償却率を掛けて計算される

当期純損失
とうきじゅんそんしつ

1年間の最終的な成果（利益）がマイナスになったこと。マイナスになってしまった利益

当期純利益
とうきじゅんりえき

1年間に儲けた最終的な利益

当座預金
とうざよきん

小切手や手形を発行するときに必要な預金口座のこと。利息がつかない

取引
とりひき

一般的には商業行為のことを指すが、簿記では資産、負債、純資産、費用、収益が増減することを指す

な行

内容不明入金
ないようふめいにゅうきん

勘定科目や金額がはっきりしないお金の受け取り

は行

引当金
ひきあてきん

将来の損失などに備えて、あらかじめ当期の費用として見積もって計上するもの

引き落とし
ひ　お

毎月決まった日に普通預金口座から公共料金や水道光熱費、地代家賃などが支払われること

費用
ひよう

商品や原材料の仕入代金、従業員の給料など、営業活動に必要な収益を得るために使ったお金

費用の繰延
ひよう　くりのべ

次期分の費用を当期中に支払った場合に、次期分を差し引いて次期に繰り越すこと

費用の見越し
ひよう　みこ

当期中の取引の支払いを次期にまとめて行う場合に、当期分として計上する金額のこと

振替
ふりかえ

それまでの勘定科目から、本来の勘定科目に移動させること

報告式
ほうこくしき

2種類ある決算書のフォーマットのひとつ。損益計算書では、売上高から始まって、最後に当期純利益が記載される一覧表になっている。貸借対照表では、資産の部から始まり、負債、純資産と並ぶ一覧表になっている。決算書では、報告式が用いられることが一般的

ま行

マイナスの財産
ざいさん

負債のこと

や行

約束手形
やくそくてがた

手形を振り出した人（振出人）が、手形を受け取った人（受取人）に対して、約束した期日に、手形に記載された金額（約束した金額）を支払うことを約束する証書。受取人は銀行の窓口で代金を受け取る

郵便為替証書
ゆうびんかわせしょうしょ

郵便為替で送金する際に発行される証書で、受取人は証書と引き換えにゆうちょ銀行や郵便局で現金を受け取ることができる。普通為替証書と定額小為替の2種類がある

有価証券
ゆうかしょうけん

現金に換えることができる証券（証明書類）で、株式や国債、社債などがある

ら行

利益
りえき

儲け。収益から費用を差し引いた金額がプラスだったとき

流動資産
りゅうどうしさん

すぐに現金に換えられる資産。現金や預貯金など

おわりに

一流のビジネスパーソンは数字に強い！

　この本は、『80分でマスター！［ガチ速］決算書入門』に続く、ビジネスパーソンが数字に対する苦手意識を克服するための入門書です。

　実は、前著を出版して以来、「簿記の知識を身につければ、決算書をもっと深く理解し、分析できるようになるはずだ」と考え続けていました。そして、起業家仲間と交流するなかで、「営業力やリーダーシップはあっても、簿記ができなくて困っている人は少なくない」と確信するに至りました。

　おかげさまで、『80分でマスター！［ガチ速］決算書入門』は、多くのビジネスパーソンのみなさんが手に取ってくださいました。ですが、なかには、それでも「難しい」とおっしゃる読者もいます。

　「難しい」理由を私なりに分析した結果、決算書を作成するうえで必須である簿記がわからないからではないかと気づきました。簿記を学び、仕訳や決算整理ができるようになれば、貸借対照表や損益計算書も、より深く理解できるようになります。キャッシュフロー計算書だって難なく読みこなせるようになるでしょう。その結果、数字に対する苦手意識も克服できるはずです。

　簿記は、「仕訳に始まり、仕訳に終わる」とか、「仕訳は習うより慣れろ」と言われます。より多くの取引について仕訳の練習をすることで、あなたの"簿記力"は確実に高まっていくでしょう。

　簿記を学び、数字に強くなれば、営業や交渉、プレゼン、会議などビジネスのさまざまな場面で大いに役立ちます。その結果として、昇進や昇給が期待できるかもしれません。就職や転職、起業にも有利です。副業をするうえでも役立つでしょう。

　この本を通じて、ビジネスマンはもちろん、学生や主婦、リタイア層など、幅広い世代や職業の人に、簿記の知識を身につけていただければと思っています。

2020年11月　　金川顕教（公認会計士）

金川顕教 かながわ・あきのり

公認会計士、YouTube図書館、作家。

三重県生まれ、立命館大学卒業。大学在学中に公認会計士試験に合格し、世界一の規模を誇る会計事務所デロイト・トウシュ・トーマツグループである有限責任監査法人トーマツ勤務を経て独立。トーマツでは、不動産、保険、自動車、農業、飲食、コンサルティング業など、さまざまな業種・業態の会計監査、内部統制監査を担当。

数多くの成功者から学んだ経験を活かして経営コンサルタントとして独立し、不動産、保険代理店、出版社、広告代理店などさまざまなビジネスのプロデュースに携わり、300社を起業、300人の「稼ぐ経営者」を育て上げる。

現在、会社7社のオーナー業の傍ら、起業家育成プロデュース、出版プロデュース、執筆活動を営み、「読書で解決しない悩みは一切ない」をミッションとして、1人でも多くの人に読書の大切さを伝えるために「YouTube図書館」の運営及び執筆活動を開始。毎日更新、毎月30本、年間365本の書籍解説動画をアップし、これまで解説した書籍は1363冊以上、チャンネル登録者は10万8000人以上、動画再生数は2505万回を突破（2022年3月現在）。

執筆活動では、ビジネス書、自己啓発書、小説など多岐にわたるジャンルでベストセラーを連発し、累計部数55万部以上。執筆した本は、中国、韓国、台湾、タイ、ベトナムなど世界中で翻訳出版されている。

YouTube図書館

（チャンネル登録者10万8000人以上）
検索欄から「YouTube図書館」と検索ください

理想が叶う金川顕教LINE通信

（5万人以上が登録中）
@RGT0375Y
ID検索または右記のコードを読み込み「友達追加」を押す

80分でマスター！
ガチ速簿記 入門

発 行 日	2020年12月10日　初版第1刷発行
	2023年 9 月20日　　第7刷発行

著 　 者	金川顕教
発 行 者	小池英彦
発 行 所	株式会社 扶桑社
	〒105-8070
	東京都港区芝浦1-1-1　浜松町ビルディング
	電話　03-6368-8870（編集）
	03-6368-8891（郵便室）
	www.fusosha.co.jp
印刷・製本	サンケイ総合印刷株式会社

編集協力	大山弘子
デザイン・DTP	村上麻紀
イラスト	岩井勝之
校正	小西義之

定価はカバーに表示してあります。

造本には十分注意しておりますが、落丁・乱丁（本のページの抜け落ちや順序の間違い）の場合は、小社郵便室宛にお送りください。送料は小社負担でお取り替えいたします（古書店で購入したものについては、お取り替えできません）。

なお、本書のコピー、スキャン、デジタル化等の無断複製は著作権法上の例外を除き禁じられています。本書を代行業者等の第三者に依頼してスキャンやデジタル化することは、たとえ個人や家庭内での利用でも著作権法違反です。

©Akinori Kanagawa 2020
Printed in Japan ISBN978-4-594-08661-9